Reza forte

súplicas e orações para os santos, guias e almas na umbanda

Eulina D'Iansã

Rio de Janeiro | 2020
4ª edição | 2ª reimpressão

Copyright© 1991
Eulina D'Iansã

Produção editorial
Pallas Editora

Capa e diagramação de miolo
Fernanda Barreto

Fotos de capa
Marcella Azevedo de Almeida

Todos os direitos reservados à Pallas Editora e Distribuidora Ltda.
É vetada a reprodução por qualquer meio mecânico, eletrônico,
xerográflco etc., sem a permissão por escrito da editora,
de parte ou totalidade do material escrito.

Este livro foi impresso em fevereiro de 2020, na Gráfica Vozes, em Petrópolis
O papel do miolo é pólen 80g/m², e o de capa cartão 250g/m².
A fonte usada é a CG Ômega, no corpo 10/12

CIP-BRASIL. CATALOGAÇÃO-NA-FONTE.
SINDICATO NACIONAL DOS EDITORES DE LIVROS, RJ.

E88r

D'Iansã, Eulina.
Reza forte: súplicas e orações para os santos, guias e almas na umbanda.
– Eulina D'Iansã. – 4. ed. – Rio de Janeiro: Pallas, 2012.

Inclui apêndices.
ISBN 978-85-347-0120-4

1. Orações. 2. Umbanda. 3. Candomblé. I. Título.

97-0337

CDD 242.8
CDU 242

Pallas Editora e Distribuidora Ltda.
Rua Frederico de Albuquerque, 56 – Higienópolis
CEP 21050-840 – Rio de Janeiro – RJ
Tel./fax: (021) 2270-0186
www.pallaseditora.com.br
pallas@pallaseditora.com.br

Sumário

Introdução 7
Oxalá, pai de todos nós 9
Orações para os santos na hora certa 13
As santas e seus milagres 29
Ogum, com suas preces, venceu a guerra 39
Oxosse, seu arco, sua flecha e suas rezas 45
Orações que ecoam nos ventos de Iansã 47
Xangô faz justiça com suas orações 53
Preces que encantam, para Mamãe Oxum 57
Nos murmúrios das ondas, rezas para Iemanjá ... 63
Sob o acalanto da chuva, preces para Nanã Burucu ... 69
Tempo, em tempo de oração 75
Omolu e suas preces que curam 79
Orar com alegria para as Crianças 83
Preces no rosário das Almas 89
Vibrando na fé dos caboclos 97
Mirongas ciganas 101
Rezas fortes para exus e pomba-giras 105
Defumações 117
Benzeduras 127

Introdução

A reza é uma prática religiosa muito antiga, que acompanha o ser humano em todos os caminhos por onde anda. A prece veio de tempos passados, pois em todo lugar existe um modo de adorar os deuses, e há milênios já se faziam orações para eles.

Em cada coração há lugar para uma oração. Portanto, devemos sempre procurar, dentro de nós, o momento certo para rezar. Você, às vezes, não pára, não tem tempo para nada, nem mesmo para rezar; mas, na realidade, a oração é muito importante para o ser humano. Você deve arranjar tempo para orar, para fortalecer a ligação com seu anjo-da-guarda.

Com as rezas, você readquire seu equilíbrio normal. Em momentos de angústia, você pode buscar nelas a solução de seus problemas, um pouco de conforto, um acalanto para seu interior, e sabe que encontra. Sim, encontra uma força que vem do alto, bem mais forte que todas as tristezas do mundo, e que resolve todos os problemas. Em momentos de alegria, busca-se a reza como forma de agradecimento por graças obtidas, batalhas vencidas, um bom dia de trabalho, ou a recuperação da saúde. A reza é uma forma tão direta de contato com os deuses que, às vezes, ficamos um tanto surpresos com a intensidade da força que vem do Além e que está sempre dentro de você, sendo bastante que você faça uso da sua energia, da sua fé.

Existem orações para todos os fins. Na umbanda, na linha de mesa, linha branca, assim como nas nações, em todos os segmentos, o leitor encontrará a orientação para fazer sua reza forte, para alcançar a graça desejada. A Oxalá rezamos pedindo saúde, paz, prosperidade e harmonia. Para Ogum, o vencedor de demandas, senhor dos caminhos, as orações pedem para fechar o corpo e vencer obstáculos. Oxosse é o orixá da fartura, o senhor da mata virgem, que nos cura com suas ervas. São feitas orações a Iansã para espantar a negatividade e retirar ventos ruins. Xangô, com seus raios e trovões, vence questões na justiça. Oxum atrai amor e prosperidade. Preces a Iemanjá são feitas para vibração na cabeça das pessoas, por ser ela a dona das cabeças. Nanã afasta doenças e tranquiliza famílias. A Tempo se pede que desembarace a vida. A Omolu se pede proteção, com orações diretas para a causa desejada, para que esse orixá, que é o médico espiritual, abençoe e cure. Aos pretos-velhos são feitas orações para todos os fins, pois sua sabedoria é infinita. Orar para a Beijada (as crianças) serve para pedir ajuda na saúde e nos estudos, e para proteção. Os caboclos (encantados de pena) recebem orações para livrar do mau-olhado, da inveja, de feitiços e encantarias. Orações feitas para ciganos são para abrir caminhos no amor e cortar bruxarias. Exu e pomba-gira são os mensageiros da rua; portanto, para eles são feitas orações de segurança e proteção.

Neste livro, você encontrará uma grande listagem de rezas, acompanhadas de explicações sobre como e quando devem ser feitas, quando isso for necessário. Encontrará também preces para muitas entidades, para que você consiga fazer-se entender junto aos nossos deuses. Receberá, enfim, orientações sobre como fazer sua prece, com muita fé, sabedoria e dignidade, para, finalmente, receber a graça que procura.

Eulina d'Iansã

Oxalá, pai de todos nós

Oxalá é o grande construtor do universo, o senhor do sopro da vida, o início e o final de todas as coisas. Sua cor é o branco. Seus locais sagrados são os montes e as igrejas. Seu elemento é o ar. Sua erva é o boldo. Seu dia da semana é a sexta-feira. Sua saudação é: "Epa Babá!"

Oxalá é sincretizado com Jesus Cristo. É festejado no Natal e, como Senhor do Bonfim, na Semana Santa.

ORAÇÃO PARA UNIÃO
Faça esta oração na lua cheia.

Meu Pai Oxalá, vós que sois o senhor da vida, uni com amor Fulano (diga o nome do homem) e Fulana (diga o nome da mulher), para que juntos possam viver intensamente, formando assim uma família, com vossa total proteção.

ORAÇÃO PELA SAÚDE
Faça esta oração na lua nova. Repita-a três dias seguidos, acendendo de cada vez uma vela branca comum.

Oxalá, protegei-me neste momento em que, enfermo(a), rogo a vossa proteção para minha cura. Meu Pai Oxalá, vós me destes a vida, e lutarei por ela enquanto forças tiver. Suplico, então, que me deis força para lutar.

ORAÇÃO PARA ABRIR OS CAMINHOS

Faça esta oração na lua nova, vestindo uma roupa clara. Não a recite usando roupa escura. Providencie 21 grãos de milho de canjica, crus. Faça a oração em um jardim, de modo que possa jogar os grãos em um canteiro. Passe os grãos no corpo e jogue-os na terra, enquanto recita a oração.

Sinto meus caminhos fechados, mas Oxalá é meu pai e, ao passar em mim esses grãos de canjica e lançá-los no jardim, estarei plantando um novo caminho para mim, com total proteção de Oxalá.

ORAÇÃO DE PROSPERIDADE

Faça esta oração na lua cheia.

Crescei, crescei e multiplicai-vos. Esta é a vontade do Pai que nos deu a vida. Senhor, neste dia em que busco a prosperidade para minha família e minha casa, mostrai-nos o caminho certo para nosso crescimento, união e prosperidade.

ORAÇÃO PARA QUE SEU NEGÓCIO SEJA PRÓSPERO

Faça esta oração no quarto crescente. Recite a oração segurando sete moedas brancas na mão direita. Depois, entregue as moedas em um jardim, junto a uma árvore frondosa e bem viçosa.

Meu Pai Oxalá, vós me destes a vida e também este meu negócio. Hoje venho pedir-vos, por meio desta oração, que fortaleçais meu negócio, para que eu possa crescer. Conto com vossa ajuda neste momento e, como prova de meu empenho, vou dar-vos estas moedas no pé de uma árvore que esteja crescendo. Amém.

Oraçōes para os santos na hora certa

Santo Antônio de Pemba
Caminhou sete anos,
À procura de um anjo,
Até que encontrou.

Há sempre uma reza forte para aliviar um padecimento: orações que nos ajudam em momentos de aflição e agonia, ou que nos livram de doenças, inimigos, calúnias, inveja, olho-grande e tristeza. Santos católicos têm penetração em todas as camadas onde haja necessidade de socorro.

ORAÇÃO AO DIVINO ESPÍRITO SANTO

O Divino Espírito Santo é comemorado numa festa móvel, que ocorre em maio ou junho. O Espírito Santo é o fogo divino que dá inspiração, incendeia a fé e fortalece o espírito. Faça esta oração somente em caso de grande necessidade e, se possível, olhando para o céu infinito, pois a luz virá do alto.

> Espírito Santo, tu que me esclareces em tudo, que iluminas todos os caminhos para que eu atinja o meu ideal, tu que me dás o dom divino de perdoar e esquecer o mal que me fazem, que em todos os instantes de minha vida

estás comigo, quero neste curto diálogo agradecer-te por tudo e confirmar uma vez mais que não quero separar-me de ti. Por maior que seja a ilusão material, a vontade que sinto é de um dia estar contigo e todos os meus irmãos, na glória perpétua, sempre fiel ao meu Divino Espírito Santo. Rogo-te que estejas sempre comigo. Agradeço-te mais uma vez.

ORAÇÃO A SÃO ROQUE

São Roque viveu no século XIV, na França. Doou seus bens aos pobres e tornou-se peregrino, curando milagrosamente muitos doentes. Atacado pela peste, foi salvo por um cachorro que lhe trazia comida. São Roque auxilia nas doenças graves, especialmente nos problemas de pele e nas epidemias. É comemorado no dia 17 de agosto.

Senhor nosso Deus, vós prometestes ao bem-aventurado São Roque, pelo ministério de um anjo, que todo aquele que o tivesse invocado não seria atacado do contágio da peste, da praga, das doenças de pele e mal de Chagas. Fazei, Senhor, que, assim como nós comemoramos vossos prodígios, fiquemos também livres, vos rogamos, dos demais males que atacam o corpo e a alma, pois cremos na vossa força. Fazendo esta oração, estarei também totalmente protegido(a) das doenças imaginárias ou provocadas por feitiço. Jesus Cristo, nosso Senhor, dai-nos vossa proteção.

ORAÇÃO A SÃO BRÁS

São Brás foi bispo na Armênia, no início do século IV. Foi martirizado e morreu com a garganta cortada. Por isso é o protetor contra males da garganta, engasgos e sufocações. Seu dia votivo é 3 de fevereiro.

> Glorioso São Brás, tu que restituíste, com uma breve oração, a perfeita saúde de um menino que, vítima de uma espinha de peixe atravessada na garganta, soltava o último suspiro, estende a nós todos a graça de experimentar a eficiência do teu patrocínio em todos os males de garganta. Tu, com teu martírio, deixaste a todos nós o melhor testemunho do poder da fé. Assim, ficamos sob a tua proteção contra todos os males do corpo e da alma. Protege-nos, São Brás!

ORAÇÃO FORTE DO SANTÍSSIMO BREVE

Toda pessoa que guardar esta oração em seu poder, com fé, terá seus caminhos desembaraçados. Ela deverá estar escrita em um papel branco, dobrada e guardada na carteira, ou dentro de um saquinho de pano, preso na roupa ou pendurado ao pescoço.

> Sendo muito grandes os perigos, as guerras e a peste a que está sujeita a natureza humana, eu, que me reconheço como pecador e receio a morte temporal, peço que Deus não permita que eu entre na vida eterna em pecado mortal. Assim, eu, dedicado servo de Jesus, peço-vos que me deis tempo de pôr este santíssimo breve aos pés da Vossa Mãe Maria Santíssima, para que seja achado em Vosso santo tribunal. Primeiramente eu rogo ao Pai Eterno que receba a súplica deste santíssimo breve, com os merecimentos de seu filho Nosso Senhor Jesus Cristo, para que ele livre este meu corpo de

todos os perigos mortais, da fúria de meus inimigos e das armas que trouxerem contra mim, em todos os perigos e apertos. Livrai-me, Senhor Bom Jesus, pela vossa santa encarnação, pelo vosso santíssimo nascimento, pelas lágrimas de sangue que derramastes pelo deserto; livrai-me, Senhor Deus, a quem tanto venero. Assim passarei por todos os meus inimigos e a mim não verão, nem tampouco por eles serei ofendido. Pelo poder de Deus Pai, Deus Filho, Deus Espírito Santo, amém.

ORAÇÃO A SÃO MARCOS E SÃO MANSO

São Marcos, o evangelista, foi companheiro de São Pedro e São Paulo, e é festejado em 25 de abril, dia do seu martírio. São Manso, ou Mânsio, que viveu no século VI e foi o primeiro bispo de Évora (Portugal), é festejado no dia 21 de maio. A oração para os dois é uma das mais conhecidas rezas fortes no Brasil. É usada para fechar o corpo e propiciar proteção contra todos os perigos e inimigos. É comum que ela seja levada como um breve, dobrada dentro da carteira, ou dentro de um saquinho de pano.

São Marcos me marque e São Manso me amanse, Jesus Cristo me abrande e parta o coração e o sangue mau, a hóstia consagrada entre em mim. Se os meus inimigos tiverem mau coração, não tenham eles cólera contra mim. Assim como São Marcos e São Manso foram ao monte e neste havia touros bravos e mansos cordeiros, e os fizeram presos e pacíficos nas moradas de suas casas, assim meus inimigos fiquem presos e pacíficos debaixo do meu pé esquerdo. Assim como as palavras de São Marcos e São Manso são certas, repito: "Filho, pede o que quiseres, que serás servido." Que na casa em que eu pousar, se tiver cão de fila, retire-se do caminho. Que coisa nenhuma se mova contra mim, nem vivos nem mortos. E batendo na porta com a mão esquerda, desejo que imediatamente se abra. Jesus Cristo, Senhor nosso, desceu da cruz. Assim como Pilatos, Herodes e Caifás foram os algozes de Cristo, e ele consentiu todas essas tiranias; assim como o próprio Jesus Cristo, quando estava no Horto, fazendo oração, virou-se e viu-se todo cercado de inimigos, disse: "elevai os corações", e caíram todos no chão até acabar sua santa oração; assim como as palavras de Jesus Cristo, de São Marcos e São Manso abrandaram o coração de todos os homens de mau espírito, animais ferozes e tudo mais que a eles se quis opor, tanto vivos como mortos, tanto na alma como no corpo, tanto visíveis como invisíveis, não serei perseguido da justiça nem dos meus inimigos que me quiserem causar dano no corpo como na alma. Viverei sempre sossegado na minha casa e pelos caminhos e lugares por onde transitar. Vivente de qualidade alguma me possa estorvar; antes, todos me prestem auxílio naquilo que eu necessitar. Acompanhado da presente oração santíssima, terei a amizade de todo mundo e todos irão me querer bem, e a ninguém aborrecerei. Enquanto vida eu tiver, meu corpo estará guardado contra o fogo e a faca; e lança ao meu corpo jamais atingirá, pois com esta oração meu corpo estará fechado e meus inimigos, debaixo do meu pé.

PRECE AO GLORIOSO SANTO ONOFRE

Santo Onofre, que foi um eremita do Egito a quem Deus mandava alimento por um anjo, é o patrono dos pobres e necessitados. É invocado para garantir que haja prosperidade e fartura em uma casa. Seu dia votivo é 12 de junho. Esta oração pode ser levada dentro da carteira, ou guardada no armário dos alimentos, debaixo de uma pequena imagem do santo.

Meu glorioso Santo Onofre, que pela divina providência fostes santificado e hoje estais no círculo da soberania dos céus; confessor das verdades, consolador dos aflitos, às portas de Roma viestes ao encontro do Senhor Jesus Cristo, e a graça lhe pedistes para que não pecásseis; assim como pedistes três, eu vos peço quatro. Vós, que fostes pai dos solteiros, sede também meu pai. Vós, que fostes pai dos casados, sede também meu pai. Meu glorioso Santo Onofre, por meu Senhor Jesus Cristo, por sua Santíssima Mãe Maria do Céu, pelas cinco chagas de Nosso Senhor Jesus Cristo, pelas sete dores de Nossa Senhora, pelas almas benditas, por todos os anjos do céu e da terra, peço-vos que me concedais a graça que vos imploro neste instante (fazer o pedido). Meu glorioso Santo Onofre, pela Sagrada Paixão de Cristo, pelo sangue derramado na cruz, por Santo Antônio, por São Francisco de Assis, peço-vos que concedais a graça de tudo que tanto necessito, e espero que, com a força da vossa proteção, terei a certeza de ser atendido no espaço e na terra. Ouvirei sempre a voz da vossa palavra e, de posse desta oração, jamais passarei sede, fome, desgosto e angústia, nem dinheiro me faltará.

REZA A SÃO JUDAS TADEU
PARA UMA GRANDE AFLIÇÃO

São Judas Tadeu, festejado no dia 28 de outubro, foi um dos discípulos de Jesus. Deixou uma epístola em que lembra como Deus sempre salvou os que se mantiveram firmes na pureza e na fé. Por isso, tornou-se o patrono dos casos impossíveis, em que mais que nunca a fé é essencial. Reze a São Judas Tadeu quando estiverem uma situação difícil, que parece não ter solução. Como agradecimento, mande imprimir uma quantidade de santinhos com a imagem e a oração do grande santo, e distribua-os entre seus conhecidos, ou coloque em uma igreja.

> São Judas, glorioso apóstolo, fiel servo e amigo de Jesus, o nome do traidor foi causa de teres ficado esquecido por muitos, mas a igreja te honra e invoca universalmente como patrono nos casos difíceis de negócios sem solução e sem remédio. Roga por mim, que sou tão miserável; faz uso, eu te peço, de teu particular privilégio, que a mim seja concedido de imediato, já que não tenho a quem recorrer. Ampara-me nesta grande necessidade, para que eu possa receber consolação e auxílio do céu em todas as minhas atribulações e sofrimentos. Alcança-me a graça que neste momento te rogo (fazer o pedido) para que eu possa louvar a Deus, contigo e com todos os eleitos, por toda a eternidade. Crê-me, glorioso São Judas Tadeu, eu te prometo lembrar-me sempre deste grande favor, nunca deixar de te honrar como meu especial e poderoso patrono, e fazer tudo o que estiver ao meu alcance para incentivar tua devoção. São Judas Tadeu, roga por nós.

ORAÇÃO A SÃO JOSÉ

São José, o carpinteiro, esposo de Maria Santíssima e pai terreno de Jesus, é o padroeiro das famílias e dos trabalhadores. No dia de São José, 19 de março, os lavradores observam o tempo, para saber como será a colheita do ano.

Assim como conduziu Maria e seu santo Filho a salvo até o Egito, e os trouxe de volta para a Galiléia, São José conduz nossas almas a salvo durante a vida e no caminho para junto de Deus. Reze a ele pedindo proteção para sua família, saúde e, nos casos desesperados, uma morte pacífica e sem sofrimento.

> Glorioso São José, estou certo(a) de que de Deus eterno recebeste o especial poder de defender nossas almas. Tu és o padroeiro de todos os que trabalham e ganham honestamente o pão de cada dia. És o protetor das criaturas honestas, desambiciosas, pacíficas; o guia dos moribundos e seu defensor contra as ciladas dos demônios, na hora da morte. Bem sei que, por teu intermédio, rogamos a Nosso Senhoras graças que a ti são solicitadas. Sê, pois, propício à minha prece. Humildemente suplico, sê atento à prece que te dirijo, confiando em teus méritos de esposo da Santíssima Virgem Maria, Mãe de Nosso Senhor Jesus Cristo. Suplico-te, bem-aventurado São José, pelos teus merecimentos, obtém do Altíssimo saúde para mim e todos os meus. Por todos os teus méritos e pelas graças especiais de que gozais junto a Nosso Senhor Jesus Cristo, rogo-te, castíssimo esposo de Maria, misericórdia divina, de joelho ao pé de Deus. Bem-aventurado São José, sê nosso auxiliar, nosso protetor, quando nas horas atribuladas invocamos o teu nome.

Senhor Deus eterno, justo e misericordioso, que de São José fizestes guardião de nossas famílias aqui na Terra, concedei-me, Senhor, a graça que, com fervor, vos rogo (fazer o pedido); a mim que sou devoto do glorioso Santo esposo de Maria.

PRECE A SÃO BENEDITO

São Benedito, o mouro (ou o negro), descendente de africanos, nasceu no sul da Itália e foi escravo como os pais. Libertado pelo dono, tornou-se eremita e depois entrou para um convento. Só pôde ser irmão leigo, por ser analfabeto; mas operou muitos milagres e protege seus devotos de maus-tratos, inimigos e perseguições. É festejado no dia 31 de março.

De posse desta oração, você estará livre de mordidas de cachorros, de morrer queimado ou afogado, e de todas as feitiçarias.

Glorioso São Benedito, bem-aventurado que foste pela mansidão, paciência, sofrimento e tantas virtudes; sempre abraçado à cruz da Redenção, por tua humildade e tua caridade, foste remido aqui na Terra para gozar o fruto da tua obra no Céu, junto ao Divino, com os anjos. Glorioso São Benedito, sê o meu protetor amado, portador da graça de que necessitamos para poder imitar tuas virtudes e as virtudes dos outros santos, porque, tomando-te por modelo, poderei tornar-me um dia digno(a) das promessas de Nosso Senhor Jesus Cristo. Dá-me, Senhor, vigor e constância, porque sou fraco, frágil, e sem a tua graça não posso alcançá-las; porque estou sujeito às iras da maldade humana, nesta vida cheia de espinhos e tropeços.

Ajuda-me com a tua graça e divina luz; livra-me das tentações do pecado, para que me torne digno da felicidade eterna, que se pode alcançar praticando a virtude e a caridade; sê meu escudo contra os inimigos, abranda seus corações, confunde-os. Que o teu nome os espante e afugente; sê o meu guia para a bem-aventurança eterna.

REZA MILAGROSA DE SÃO SEBASTIÃO

São Sebastião, cujo dia votivo é 20 de janeiro, foi um oficial romano que, embora amigo do imperador Diocleciano, protegia os cristãos, de cuja fé compartilhava, e pregava aos soldados e prisioneiros. Sabedor disso, o imperador condenou-o à morte. Executado a flechadas, Sebastião tornou-se um dos grandes mártires do cristianismo.

O santo protege pessoas e coletividades contra doenças, especialmente as epidemias; contra a fome e as guerras. Reze ao grande santo guerreiro para que ele tome a si o encargo de vencer e neutralizar os inimigos que o(a) ameaçam.

> Ínclito e glorioso mártir, continua lançando vossas benignas vistas sobre este país e particularmente sobre esta cidade; se a todo tempo te declaraste nosso especial advogado, continua a prodigalizar-nos os benignos impulsos da vossa ardente caridade. Afasta de nós, ó santo bendito, os terríveis flagelos da peste, da fome e da guerra. Vigia para que tão medonhas calamidades não venham perturbar nosso repouso, e alcançai-nos de Deus, que foi sempre o único objeto das tuas delícias, aquela graça de que necessitamos para que, imitando-te, possamos, no termo dos nossos dias, alcançar o caminho

feliz da eternidade. Que alcancemos a bem-aventurança de que gozas, que possamos também te acompanhar nos louvores ao Rei da Glória, por todos os séculos sem fim.

PRECE A SÃO SEBASTIÃO

O grande guerreiro, martirizado pela fé, tem sob seu patrocínio todos os grandes males coletivos, as catástrofes causadoras de muitas mortes, como as guerras, as epidemias e a fome.

São Sebastião, glorioso mártir de Jesus Cristo, poderoso advogado contra a peste, a fome e a guerra: defende a mim e a minha família, assim como a todo este país, do terrível flagelo, da peste, da fome, da guerra e de todos os males que possam atingir o meu corpo. Defende meu caminho, assim como o de todos os meus familiares, para que possamos neste momento levar, ao nosso glorioso São Sebastião e ao nosso Senhor Jesus Cristo, o pedido da graça de participar da tua glória no Céu. Glorioso São Sebastião, roga por nós.

NOVENA DE SÃO DIMAS

São Dimas, o bom ladrão crucificado ao lado de Cristo, protege contra roubos e malfeitores, e também ajuda os que erraram e estão arrependidos, desejando sinceramente corrigir seus erros e refazer suas vidas. Embora fosse um personagem obscuro, teve a grande honra de ser canonizado pelo próprio Cristo. É festejado no dia 25 de março.

Como o nome indica, esta oração deve ser recitada durante nove dias consecutivos, sempre com a repetição do seu pedido ao santo.

Um dos malfeitores suspensos na cruz injuriava Jesus, dizendo: "Não és tu o Cristo? Pois salva-te a ti e a nós." O outro, porém, o repreendia com estas palavras: "Tu não temes a Deus, nem mesmo quando sofres o suplício? Nós, é verdade, sofremos o que é justo, porque estamos recebendo o castigo merecido dos nossos crimes; este, porém, não fez mal algum." E dizia: "Jesus, lembra-te de mim quando entrares no Teu reino." E Jesus respondeu: "Em verdade te digo, ainda hoje estarás comigo no Paraíso." São Dimas, tua confiança te salvou na hora derradeira. Pecador e criminoso que foste, num instante a misericórdia de Jesus te transformou num grande santo. Lembra-te de mim, pobre pecador como tu, e talvez maior, porque tanto tenho abusado da graça e ofendido a Jesus crucificado e morto por amor. Pelas chagas do divino Salvador, pelas dores e lágrimas de Maria Santíssima, alcança-me a graça que te peço agora (fazer o pedido). Vale-me na minha aflição.

PRECE A SÃO MIGUEL ARCANJO

O arcanjo Miguel é o chefe das hostes celestiais, quem comanda os anjos nas lutas contra os demônios. É o padroeiro da Igreja Católica e protetor das milícias que combatem pela fé e pelo bem. Seu dia votivo é 29 de setembro.

São Miguel, sois o chefe dos anjos, vencedor de Satanás, protetor da Igreja e guia bondoso das almas que entram no céu. Determinai os mistérios dos anjos e dos homens, e sede propício, para que a minha vida na terra seja defendida por aqueles que no céu sempre assistem ao vosso serviço. Conto com a vossa proteção nas horas difíceis da minha vida. São Miguel Arcanjo, defendei-me para que eu não pereça no tremendo Juízo.

ORAÇÃO A SÃO LÁZARO

Lázaro de Betânia, irmão de Marta e Maria, hospedava Jesus sempre que este ia a Jerusalém. Em uma dessas visitas, Jesus encontrou o amigo morto, e o ressuscitou. Por isso, Lázaro tornou-se o patrono dos gravemente enfermos, sendo invocado principalmente nas doenças infecciosas. Por ter revivido, tem também uma estreita ligação com a morte. É festejado no dia 17 de dezembro.

> Glorioso padroeiro dos pobres, meu pai São Lázaro, que foste atormentado por dores terríveis ocasionadas pela lepra e buscaste o lenitivo para os teus males na paciência e na conformidade: com a vontade da divina providência eu te suplico, por esta mesma tolerância, que me dês teu auxílio a fim de que, conformando-me com as minhas aflições, sofrimentos e contratempos, possa imitar o teu exemplo durante toda a minha vida e merecer, por tua intercessão, a glória eterna. Valei-me, meu glorioso São Lázaro.

ORAÇÃO AO MENINO JESUS DE PRAGA

Na cidade de Praga, capital da atual República Tcheca, existe um antigo convento de frades Carmelitas Descalços, no qual, desde 1628, há uma imagem milagrosa do Menino Jesus, doada por uma princesa que era dele devota. A devoção foi trazida para o Brasil pelos Carmelitas Descalços, para a Basílica de Santa Teresinha, no bairro da Tijuca, no Rio de Janeiro. Embora não haja um dia votivo fixo no ano para esta invocação de Jesus, há uma comemoração no dia 25 de todos os meses.

Esta oração poderosa costuma ser recitada como uma novena ou, em casos urgentes, em nove horas seguidas.

> Ó Jesus que dissestes — "pede e receberás, procura e acharás, bate e a porta se abrirá" —, por intermédio de Maria, Vossa Sagrada Mãe, eu bato, procuro e vos rogo que minha prece seja atendida (mencionar o pedido). Ó Jesus que dissestes — "tudo que pedires ao Pai em meu nome Ele atenderá" —, por intermédio de Maria, Vossa Sagrada Mãe, eu humildemente rogo ao Vosso Pai, em Vosso nome, que minha oração seja atendida (repetir o pedido). Ó Jesus que dissestes — "o céu e a terra passarão, mas a minha palavra não passará" —, por intermédio de Maria, Vossa Sagrada Mãe, eu confio que minha oração seja ouvida (repetir o pedido).

ORAÇÃO DE SÃO FRANCISCO DE ASSIS

São Francisco de Assis, que viveu no século XIII, na Itália, desprezou a riqueza da família e a glória militar, para dedicar-se aos pobres e enfermos. Fundou a Ordem Franciscana e realizou muitos milagres. Patrono dos animais e protetor dos pobres, é festejado no dia 4 de outubro. Nesta oração, o santo nos dá um modelo de devoção e amor para toda a vida.

> Senhor, fazei de mim um instrumento de Vossa santa paz. Onde haja ódio, que eu leve o amor. Perdão, onde haja desespero. Luz, onde dominem as trevas. União, onde haja discórdia. Alegria, onde haja tristeza. Divino Mes-

tre, ajudai-me a dar mais consolo e menos ser consolado. Ser compreendido, tanto quanto compreender. Ser amado, tanto quanto amar. Porque é dando que recebemos, é perdoando que somos perdoados, é morrendo que nascemos para a vida eterna.

As santas e seus milagres

Ventania sopra no ar,
para todo o mal levar.
Santa Bárbara guerreira,
venha sempre nos ajudar.
Seja noite ou seja dia,
Esteja sempre em nossa companhia.
Santa Bárbara me guarda,
Joana d'Arc é quem me guia.

Poderosas são as preces destas santas, muito fortes para amor, saúde, negócios e demandas. Feitas sempre nas horas certas, terão grande resultado.

PRECE A NOSSA SENHORA APARECIDA

No mês de outubro de 1717, um grupo de pescadores da cidade de Cuaratinguetá (São Paulo) retirou do rio Paraíba uma imagem de Nossa Senhora da Conceição, escura e feita em madeira; depois disso, a pesca, que até então fora nula, foi abundante. Um deles guardou a imagem e, mais tarde, colocou-a em um oratório, iniciando assim uma devoção que cresceu até que a Senhora Aparecida, já numa grande basílica, tornou-se a padroeira do Brasil. Sua festa, que atrai peregrinos de todo o país, é no dia 12 de outubro.

Nossa Senhora Aparecida é a nossa Mãe, que nos protege e guarda em todas situações.

Incomparável Senhora Aparecida, Mãe de meu Deus, Rainha dos anjos, advogada dos pecadores, refúgio e consolação dos aflitos e atribulados. Ó Virgem Santíssima, cheia de poder e de bondade, lançai sobre nós um olhar favorável, para que sejamos socorridos em todas as necessidades em que nos achamos. Lembrai-vos, clementíssima Mãe Aparecida, não consta que, entre todos os que têm a Vós recorrido, invocado Vosso Santíssimo nome, implorado a Vossa singular proteção, alguém fosse por Vós abandonado. Animado(a) com essa confiança, a Vós recorro, Vos tomo hoje e para sempre por minha Mãe, minha protetora, minha consolação e guia, minha esperança, minha luz na hora da morte. Assim, pois, Senhora, livrai-me de tudo que possa ofender-vos e a Vosso Santíssimo Filho, meu redentor e meu Senhor Jesus Cristo. Virgem Bendita, preservai este(a) Vosso(a) servo(a), esta casa e seus habitantes da peste, da fome, da guerra, de terremotos, raios e outros perigos que nos possam flagelar. Soberana Senhora, dignai-vos dirigir-nos em todas as ações temporais e espirituais; livrai-nos da tentação do demônio, para que, trilhando o caminho da virtude, pelos merecimentos da Vossa puríssima virgindade e do preciosíssimo sangue do Vosso Filho, possamos viver, amar e gozar da eterna glória, por todos os séculos dos séculos. Amém.

PRECE MILAGROSA A SANTA JOANA D'ARC

Joana d'Arc nasceu num povoado da França. Aos 13 anos, começou a ouvir vozes de anjos e santos, que a chamavam para libertar a França dos ingleses. Alguns anos depois, procurou o príncipe Carlos e, lutando à frente do exército, expulsou os invasores; mas, por causa de intrigas políticas, foi presa e queimada como herege, quando tinha apenas 19 anos. Passou logo a ser venerada como santa, sendo festejada no dia 30 de maio. Reze a ela quando precisar de coragem e fé para enfrentar grandes sofrimentos e dificuldades.

Santa Joana d'Arc, meu modelo, meu guia, venho à tua presença pedir-te auxílio e coragem, com a mais profunda fé, com todas as forças do meu coração. Quando tudo corre mal, como agora acontece, meu caminho só dificuldades me oferece; quando tenho pouco, e há muito a pagar; quando preciso sorrir e tenho vontade de chorar; quando a dor se torna insuportável e quase não tenho forças para resistir, permite que eu possa descansar, mas não desistir. Lembra-me que, atrás das sombras da dúvida, geralmente vem o triunfo, e não o fracasso de que tanto tenho medo. Dá-me sabedoria bastante para sentir que devo estar mais perto do bem que tanto desejo, e que julgo tão distante. Dá-me ânimo para lutar, lutar para não cair, sobretudo quando tudo está ainda pior. Devo insistir sem fraqueza; devo insistir sempre, até vencer. A ti, Santa Joana d'Arc, agradeço a assistência que estás me dando. Desejo de toda minha alma, pela minha submissão aos teus conselhos, merecer a tua proteção em todos os momentos bons e maus da minha vida. Amém.

ORAÇÃO PARA SANTA CATARINA

Santa Catarina de Alexandria, filha de uma nobre família do Egito, no tempo de Diocleciano, era tão bela, que o governador romano quis abandonar a esposa para casar-se com ela. Diante da recusa de Catarina, com base nos ensinamentos cristãos, Maximino colocou-a diante de 50 filósofos, para tentar convencê-la de que Cristo não era o verdadeiro Deus; mas foi Catarina quem os convenceu do contrário. Enfurecido, Maximino mandou decapitá-la. Como do corte saiu leite, em vez de sangue, Catarina é protetora das mães que amamentam, além de patrocinar os amores puros e sinceros. Seu dia votivo é 25 de novembro.

Minha beata Santa Catarina, que sois bela e formosa como o sol, pura como a lua e linda como as estrelas; entrastes na casa do santuário com 50 homens, ouvistes todos os 50, e vós os abrandastes. Assim, peço-vos, Senhora, que abrandeis o coração de fulano(a) (diga o nome da pessoa), para mim. Fulano(a), quando tu me vires, fixa teu pensamento em mim; se não me vires, por mim chorarás e suspirarás, assim como a Virgem Santíssima chorou por seu Bendito Filho. Fulano(a), debaixo do meu pé esquerdo eu te arrebato; seja com duas ou com quatro, que se parta o coração de Fulano(a). Se estiveres dormindo, não dormirás; se estiveres comendo, não comerás; se estiveres conversando, não conversarás. Não sossegarás enquanto comigo não vieres falar, contar o que souberes e dar-me o que tiveres, e me amarás entre todas as pessoas do mundo. Eu, para ti, parecerei sempre uma rosa fresca e bela. Amém.

ORAÇÃO A NOSSA SENHORA DE MONTSERRAT

Escreva a oração em um papel e leve-a sempre consigo, dentro da carteira ou em um saquinho de pano, como um breve. Sempre que tiver necessidade, repita-a com muita fé.

Esta oração foi achada no Santo Sepulcro de Jerusalém, aos pés da imagem do Divino Jesus, e aprovada por todos os inquisidores. Diz-se que todo aquele que tiver esta oração em seu poder não morrerá de má morte e nem repentinamente, não será ofendido pelos seus inimigos, não morrerá afogado, não será queimado, não passará perigos no mar, não será ferido na guerra, nem tentado pelos demônios. E não morrerá sem confissão, o que é proveito para a alma e prazer para o coração. Não será mordido por cão danado nem por animais peçonhentos. Toda mulher que estiverem perigo, em consequência de parto, será logo salva, em virtude desta oração, e livre também da gota coral. Mas, entenda-se, é necessário ter muita fé, porque sem fé não pode haver milagres nem salvação. Bendita e louvada seja a sagrada paixão e morte de Nosso Senhor Jesus Cristo. Rogai por nós, Santa formosura dos anjos. Tesouro dos apóstolos, depósito da arca da aliança, Senhora Santa Maria, mostrai-nos em tão belo dia vossa face gloriosa. Amém.

PRECE À GLORIOSA SANTA LUZIA

Luzia pertencia a uma família nobre do sul da Itália, ainda no tempo do império romano. Fora prometida em casamento, mas, após a cura milagrosa de uma doença de que sofria, a mãe concordou em que ela permanecesse devotada a Cristo. O ex-noivo denunciou-a como cristã, e Luzia foi decapitada. Já com a garganta cortada, continuou pregando a firmeza na fé e a luz espiritual. É protetora da visão física e espiritual. Seu dia votivo é 13 de dezembro.

> Ó miraculosa Santa Luzia, vós que merecestes de Cristo, Nosso Senhor, que, já cega da luz do corpo, fósseis iluminada pela divina graça, assisti-me com a vossa vivificante fé. Que minha alma não seja condenada pela cegueira do erro, das trevas e do pecado. Intercedei por mim junto ao bom Jesus, para que eu seja iluminada(o), por toda a minha vida, pela divina graça e para que alcance, enfim, gozar a perene felicidade que Jesus prometeu a todos que o seguissem pelo bom caminho de sua igreja, verdadeira luz do mundo. Acolhei, miraculosa virgem, este meu pedido. Sede minha intercessora para que, na hora da morte, mereça gozar convosco a vivificante luz da eternidade. Amém.

ORAÇÃO A NOSSA SENHORA DE NAZARÉ

Nazaré, na Galiléia, é a cidade natal de Maria, onde ela passou sua infância e onde viveu logo após desposar José. Para lá a Sagrada Família voltou de Belém, assim que foram cumpridos os rituais referentes ao nascimento de Jesus, que cresceu em Nazaré. Assim, Nazaré é a cidade da Imaculada Conceição, festejada no dia 8 de dezembro. Nossa Senhora de Nazaré é especialmente invocada para proteger e ajudar as mães de família e os desvalidos.

> Ó Virgem piedosíssima, Senhora de Nazaré, a vós, nesta hora de atribulações e angústia, peço confiadamente amparo e proteção. Vede minha necessidade, ó Maria; ouvi, por favor,

meus gemidos; compadecei-vos de minhas lágrimas, vós, Mãe de Misericórdia, consoladora dos aflitos, refúgio e advogada dos pecadores. Concedei-me, Senhora de Nazaré, a graça de Vosso coração imaculado e cheio de ternura. Entrego com toda a confiança este meu coração sofrido, que também experimentou os golpes mais pungentes; entrego a vós todos os cuidados das pessoas que me são caras; recebei em vossas mãos a minha vida e a minha morte. Sede, também, ó Mãe de Bondade, o conforto, o amparo de todos os atribulados, dos pobrezinhos e dos doentes. Dos sem emprego e dos famintos, não esqueçais. Amém.

PRECE A NOSSA SENHORA
DESATADORA DE NÓS

Santo Irineu, bispo de Lyon e mártir cristão no ano de 202, descreveu Nossa Senhora como aquela que desata o nó da desgraça para o espírito humano. Um pintor desconhecido, do século XVII, a representou assim, recebendo das mãos dos anjos o fio da nossa vida, cheio de nós, que ela desata um a um. Essa imagem fica na igreja de São Pedro em Perlack, na Alemanha.

Virgem Maria, mãe do Belo Amor, mãe que jamais deixa de vir em socorro de um filho aflito, mãe cujas mãos não param de servir seus amados filhos, pois são movidas pelo amor divino e a imensa misericórdia que existem em seu coração, volte seu olhar compassivo sobre mime veja o emaranhado de nós que é a minha vida.

A senhora bem conhece o meu desespero, à

minha dor, e o quanto estou amarrado(a) por causa destes nós. Maria, mãe que Deus encarregou de desatar os nós da vida de seus filhos, confio hoje a fita da minha vida em suas mãos. Ninguém, nem mesmo o maligno, poderá tirá-la do seu precioso amparo. Em suas mãos, não há nó que não possa ser desfeito. Mãe poderosa, por sua graça e seu poder intercessor junto a seu filho e meu libertador, Jesus, receba hoje em suas mãos estes nós. Peço-lhe para desatá-los, para a glória de Deus e por todo o sempre. A senhora é a minha esperança.

ORAÇÃO A SANTA FILOMENA

Santa Filomena foi uma jovem romana cristã, que viveu nos primeiros tempos do cristianismo. Com apenas 15 anos, foi martirizada e morta por recusar-se a desrespeitar o voto de castidade que fizera ao dedicar-se à religião. Seus restos mortais foram encontrados numa catacumba romana, no início do século XIX. Desde então, rapidamente, a jovem conquistou muitos devotos, que a ela atribuíram um sem-número de curas milagrosas. Filomena foi beatificada e é padroeira das crianças e dos jovens. Sua festa é no dia 11 de agosto.

Virgem Santa Filomena, durante a vossa passagem por este vale de lágrimas, destes sempre provas da vossa paciência, de vossa resignação e do vosso desapego a riquezas, bens e pompas deste mundo. Vós fostes o exemplo vivo da fé e do amor a Jesus Cristo, preferindo a vossa pureza à magnificência de um trono imperial, não aceitando a mão de um dos mais poderosos monarcas do vosso tempo. Nunca manifestastes ambição nem vaidade; nunca vos deixastes seduzir pela riqueza, pela realeza, pelo poder. A bem-aventurança de que gozais no céu é a digna recompensa ao vosso desapego, ao vosso espírito verdadeiramente cristão. Valho-me, pois, dos vossos méritos junto a Nosso Senhor Jesus Cristo, vosso divino mestre, rogando-vos a graça de infundir em minha alma a mesma caridade que vos animou. Dai-me a força de resistir às tentações, de contentar-me com o que possuo, de estar isenta(o) de vaidade e de assim poder um dia participar da felicidade eterna em vossa companhia. Amém.

Ogum, com suas preces, venceu a guerra

*Era de madrugada,
Quando ouvi o toque da alvorada,
É Ogum-lara com sua espada na mão.*

Ogum é o orixá da guerra, o vencedor de demandas, senhor dos caminhos, estradas, encruzilhadas e da beira do mar, o amigo e guardião que sempre nos defende com sua espada e sua lança. Sua energia vem da terra. É o orixá do ferro, do aço e da agricultura.

Suas cores são vermelho e azulão. Seu dia é a terça-feira. Suas ervas principais são aroeira, espada-de-são-jorge e são-gonçalinho. Sua saudação é: "Patacori jesse jesse."

Em algumas regiões do país, Ogum é sincretizado com São Jorge; em outras, com São Sebastião. Assim, costuma ter sua festa anual no dia de um desses santos, respectivamente 23 de abril e 20 de janeiro.

As variedades de Ogum ligadas ao mar recebem oferendas na praia; os Oguns ligados à mata, em matas ou arvoredos; os guerreiros, na reta das estradas; os ligados às Almas e a Exu, nas encruzilhadas.

ORAÇÃO A OGUM ROMPE-MATO
Meu Pai Ogum, ampara-me com a tua energia positiva; defende-me, senhor, de todas as mazelas da vida; mostra-me o caminho verdadei-

ro, o caminho da tua bandeira de paz e justiça. Pai Ogum, na tua caminhada de guerreiro, faz com que eu seja um humilde soldado do teu exército, e que, na luta pela sobrevivência, eu seja sempre vencedor. Tu conheceste, pelas estradas, os maus e os bons; por este motivo é que eu, teu filho fiel e abnegado, te suplico: coloca-me no caminho verdadeiro, antes que eu possa proceder de forma errada em minhas necessidades. Meu Pai, faz com que meus inimigos entendam que eles só me perseguem por inveja, querendo roubar de mim uma centelha da luz que tu me deste. Axé.

PRECE A OGUM MARINHO

Providencie um pequeno ímã, que você pode comprar numa loja de artigos religiosos. Recite esta oração segurando-o. Leve-o sempre consigo.

Sei que, neste instante, uma corrente forte será feita, e todos os que confiarem em meu Pai Ogum terão caminhos abertos, demandas vencidas, amigos à volta e dinheiro no bolso; pois, assim como meu Pai Ogum Marinho lutou e venceu, eu também serei vitorioso nas minhas andanças e lutas. Eu te suplico, meu Pai Ogum, livra-me da incerteza, da insegurança, da miséria, da angústia. Faz, senhor, com que eu pise firme, sempre que tiver que tomar uma decisão, e que meus passos sejam sempre para a frente. Que para trás fiquem meus inimigos. Por este motivo, trago sempre comigo este pequeno ímã, e sei que nada de mal jamais acontecerá comigo, na tua fé. Amém.

VITÓRIAS COM OGUM SETE-ONDAS
Meu Pai Ogum, lá no mar eu ouvi a sereia cantar, eu vi o pescador chorar, eu ouvi um navio apitar. Salve, Seu Sete-Ondas! Salve, Seu Beira-Mar! Salve a Sereia do Mar! Lutando por sua bandeira, correu terras e correu mares, venceu sempre seus inimigos, nunca deixou que eles o derrubassem. Salve, Seu Sete-Ondas! Eu vim nas águas te louvar. O galo cantou tão alto, que deu para eu escutar. Era a mensagem de meu Pai Ogum, dizendo: "Você vai lutar, mas será uma luta por uma grande vitória." Finalmente, chorei, pois eu ouvi ao longe um clarim tocar. Vencerei com as sete ondas do mar.

ORAÇÃO A OGUM DE RONDA
Salve, Ogum de Ronda! Salve, meu Pai Ogum! Eu te rogo, senhor das guerras, vencedor de batalhas, de causas difíceis, eu te imploro neste instante que me auxilies nesta minha necessidade (fazer o pedido). Em minha caminhada, tenho sempre lutado sozinha(o), e na realidade nada tenho conseguido. Assim, hoje venho diante de ti rogar a tua misericórdia, para que eu seja vitoriosa(o), pois em tuas batalhas nunca temeste a ninguém, e eu, imbuída(o) de coragem e fé, estarei confiante, que, armada(o) com a tua espada, vencerei todos os obstáculos que houverem minha vida material e espiritual. Axé.

MISERICÓRDIA DE OGUM
Quando rompe a alvorada, sinto meu coração palpitar forte. Tenho, nesse instante, a total certeza de que meu Pai Ogum está despertando

mais um novo dia para mim, e que ele vem coberto de glórias para mim, pois, na incerteza de uma vida de luta, eu confio minha vitória a Ogum. Com tuas armas de arar a terra, farei grandes plantações e terei vitórias em minha colheita; Senhor, o que mais me preocupa nos teus filhos, meus irmãos na fé, é que eles só querem colher e nunca trabalhar no plantio. Mas eu te rogo, meu Pai Ogum, transfere a tua força e a tua paz, para que nós possamos vencer a nossa luta do dia-a-dia. Axé.

ABRINDO CAMINHOS COM OGUM XOROQUÊ

Ó força e poder, que a mim foram confiados pelo divino mestre, meu Pai Oxalá. Sei que a nossa caminhada é sempre cheia de ciladas e de surpresas que fazem parte da nossa vida, mas, Senhor, deste-me o destino sobrecarregado de infortúnios. Por este motivo, eu te agradeço por teres criado neste Universo suspenso, que é a tua morada, a entidade que me guarda e me guia nos mais trevosos caminhos, que por tua ordem terei que trilhar – meu guia Pai Ogum Xoroquê. Este condutor, por tua vontade, traz duas forças – o lado azul e o lado vermelho –, com energias fortes de magia. Como sabes, Senhor, tudo o que provém de ti é puro e verdadeiro, e nesta minha aflição, somente ele, meu Pai Ogum Xoroquê, é que pode me valer. Sendo eu um ser humano, cheio de dúvidas e insegurança, busco sempre dar e receber, mas nem sempre sou compreendido(a), e me vejo sempre em apuros. Com a força do tridente, ele me livrado mal; com sua espada de guerreiro, abre sempre os meus caminhos, e meus inimigos jamais terão forças para me atingir: nem com fogo, nem com ferro, nem aço ou qualquer que seja a mandinga. Com meu corpo fechado pelo Pai Ogum Xoroquê, hei sempre de vencer. Axé.

PROTEÇÃO DE OGUM BEIRA-MAR
Ó Senhor nas alturas, envia força e luz para mim, este humilde filho, que neste instante de angústia e necessidade busca a tua proteção. Senhor, protege-me, coloca sobre mim a tua capa, e me defende de todas as maldades do mundo material e do mundo espiritual. Faz, Senhor, com que meus inimigos tenham olhos e não me vejam, tenham mãos e não me toquem, pois com a tua proteção, glorioso Beira-Mar, dia e noite teu nome louvarei. Axé.

AMARRAÇÃO COM OGUM BEIRA-MAR
Para trazer de volta seu amor, faça esta oração na beira de uma praia. Leve sete seixos e jogue-os na água, cada um em uma onda, enquanto reza.

Sete pedras lançarei ao mar, para as águas acordar, pois há muito elas dormem para mim. Nem me viam navegar no mundo de incertezas. Mas na fé de meu Pai Ogum Beira-Mar, remarei novos barcos, que irão trazer, com muito carinho, o amor verdadeiro (dizer o nome da pessoa) para mim. Que ele(a) não tenha paz enquanto comigo não vier conversar, seja à meia-noite, seja ao meio-dia. Pois por sete dias eu chorei, com mais sete anos

nos amamos, com mais sete nos separamos. Peço-te, meu Pai Ogum, que com mais sete dias faças ele(a) estar junto a mim, definitivamente. As ondas que o(a) levaram haverão de trazê-lo(a) de volta para mim. Eu te rogo, senhor, que, se não for por destino que ele(a) comigo fique, que então volte em definitivo e de uma vez por todas para a distância do mar sagrado. Axé.

Oxosse, seu arco, sua flecha e suas rezas

Oxosse é o orixá da fartura, o senhor dos mistérios da mata virgem. Caçador na mata e pescador nas águas doces, protege os animais e dá alimento aos humanos. Seu dia é a quinta-feira. Suas cores são verde e azul-claro. Seu metal é o ferro. Suas ervas, que nos trazem o sumo puro da saúde, são todas as da mata, e seu local sagrado é o pé dos arvoredos.

Onde Ogum é sincretizado com São Jorge, Oxosse é associado a São Sebastião, e vice-versa; assim, o orixá pode ser festejado no dia 20 de janeiro ou 23 de abril.

PROTEÇÃO DE OXOSSE

Oxosse, meu Pai caçador na mata virgem, protetor na força e na fé, eu neste instante elevo meu pensamento ao alto, para rogar a tua proteção para minha casa, para que jamais faltem a caça e a pesca para minha alimentação. Com teu arco e tua flecha, defende-me das desgraças, das ofensas, da miséria, da fome e da peste. Meu Pai, protege-me todos os dias de minha vida. Sabendo eu da tua fibra e da tua força, eu, teu(tua) filho(a), não temerei nada, pois o centro da mata virgem tem mistérios, encantos e feitiços, mas a nada, meu Pai Oxosse, temerei, se estiver coberto com o teu Axé.

MISERICÓRDIA DE OXOSSE

Meu glorioso São Sebastião, livra-me das doenças e da má sorte, atraindo para mim a saúde e a prosperidade. Meu Pai Oxosse, faz com que, coberto por tua proteção, eu possa sempre caminhar seguro(a) e tomar todas as decisões, sendo todas para o meu bem. Senhor da caça, faz com que meus inimigos fiquem sempre submissos a mim, que não tenham sequer um olhar maldoso na minha direção. Com a seiva que se retira das ervas frescas, tenha eu o remédio para minhas doenças e qualquer mal da matéria, pois os males espirituais já estão sob a tua guarda. Axé. Salve, meu Pai Oxosse.

ORAÇÃO DE AGRADECIMENTO A OXOSSE

Oxosse, menino caçador, grande pescador, quando em minha vida estive em apuros, foi a ti que tudo confiei. Na fé, em tudo fui vitorioso, graças à tua força e à tua luz, que tudo clareou, para minha caminhada ser coroada de êxito. É por este motivo que hoje venho te agradecer todas as graças obtidas: a tempestade passou, clareou o horizonte, abriram-se novas flores em meu jardim. Neste momento, o que mais desejo é que assim tudo permaneça para todo o sempre, para que eu tenha mais a dar do que a pedir, para que minhas preces sejam sempre para agradecer. Que, assim como os teus caminhos são floridos e verdes de muita esperança, assim também sejam os meus, pois em tua companhia estarei sempre muito bem. Axé.

Orações que ecoam nos ventos de Iansã

Ventania vem, ventania vai, lá no Jacutá
Iansã, eparrei Oiá
Ventania vem, ventania vai, lá no Jacutá
Iansã, eparrei Oiá

Senhora das ventanias, santa guerreira, rainha do bambuzal, Iansã (também chamada Oiá) protege seus filhos em noites de temporal. Seu dia é quarta-feira. Suas cores são vermelho, amarelo e coral. Seu metal é o cobre. Suas ervas são a espada-de-santa-bárbara e o peregum. Seu local sagrado é o bambuzal.

Sua saudação é: "Eparrei, beta Oiá."

Iansã é sincretizada com santa Bárbara, cuja data votiva é 4 de dezembro.

PRECE A OIÁ

Oiá, dona do mundo, da ventania e do temporal, senhora do fogo, teu vermelho irradia energia e me dá força e amor por tudo que está à minha volta. Que teu vento forte possa, neste instante, ir buscar a quem tanto amo e que está tão longe de mim. Faz, senhora, com que ele(a) volte para ficar de vez e para sempre comigo. Ó minha santa do vento, permite que eu seja sempre consolada(o), pois somente assim terei sempre a certeza de que nunca mais estarei só, mas, ao contrário, sempre protegida(o) com a tua força sagrada. Axé.

VENTANIA QUE PASSA
Ó Virgem Santíssima, seja a tua força, seja a tua luz que neste momento possa iluminar meu coração e minha decisão. Ó santa Iansã, sei que também sofreste quando, ainda em vida material, a um homem amaste com todas as tuas forças. Sei que muitos te queriam e a todos, com a tua infinita força, conseguiste abrandar. Mostraste que no coração só existe lugar para um. Peço-te, senhora, se não puder ser o que desejo, que meu coração se livre da dor. Com a confiança que tenho em tua mão, minha Mãe Guerreira, faz-me vitoriosa(o) nesta vontade e neste momento de insegurança de minha vida. Misericórdia para mim, minha Mãe Iansã.

SENHORA DOS VENTOS
Quando rompe um novo dia, sinto alegria no ar, pois tenho minha Mãe Iansã sempre a me ajudar. Chega a noite e vejo a lua muito forte a brilhar, como recompensa de um dia de muitas lutas e glórias, sempre a me incentivar, lembrando que jamais estarei só. Seja com sol ou em noites de lua, Iansã me guarda sempre; te peço, não me deixes balançar, pois se o vento balança as folhas que caem no teu Jacutá, que uma a uma são tuas e ninguém nelas pode tocar, assim também eu estarei sempre me guardando na tua fé. Axé.

SALVE, IANSÃ

Sob forte ventania, teu nome vou louvar, para abrir os meus caminhos, senhora do temporal. Passaste por sacrifícios e hoje vens nos salvar. Ó santa guerreira, com tua espada sempre estarei protegida contra todos os males materiais e espirituais, enfim, de todas as mazelas do mundo. Guarda-me, senhora, com a tua força total, e tenho certeza que manterei meus inimigos em lugar bem distante de mim; sendo assim, meus caminhos estarão abertos. Senhora Iansã, me guarda sobre a terra, pois no céu teu vento afastará tudo que de mal tenha sido lançado sobre mim ou que esteja atrapalhando o meu caminho. Axé.

PROTEÇÃO DE IANSÃ

Para pedir a ajuda de Iansã contra seus inimigos, compre um ramo de rosas vermelhas ainda em botão. Leve-as a um lugar onde exista uma touceira de bambus. Faça esta oração e entregue as rosas a Iansã, retirando um botão para guardar sempre consigo.

Ó Santa Guerreira, és Oiá nos sussurros dos ventos, és minha Mãe que me dá proteção, me livrando dos inimigos vivos ou mortos. Sempre de posse deste botão de rosa, terei segurança, meu corpo estará sempre fechado contra o fogo, o ferro e o aço, e também protegido da língua do falador. Que tal língua jamais possa meu nome falar, pois, Iansã, tua espada luminosa estará sempre pronta para cortar todo o mal. Tudo ela vê e nada deixará que me aconteça, desde que eu seja sempre fervoroso(a) na minha fé e cumpra minha missão do bem para comigo e com todos que dependam de mim. Salve, Iansã, salve a tua força, salve o teu Jacutá.

SANTA PROTETORA

Reze a Iansã quando quiser sua ajuda contra uma grande dificuldade. Faça uma pequena fogueira com lascas de madeira, folhas secas ou palhinhas, dentro de um recipiente refratário bem seguro. Pegue sete grãos de milho vermelho. Faça esta oração e jogue os grãos no fogo. Terminando de queimar, jogue as cinzas na terra.

> Minha santa, protege-me dos raios, dos trovões, da tempestade que neste exato momento se abatem sobre mim, minha casa e todas as pessoas que estão ao meu redor. Minha santa protetora, me guarda, pois estou muito aflito(a), mas sei que a Senhora não deixará que meus inimigos me derrubem. Ó santa Iansã, minha fé é na senhora, pelos raios que cortam os céus, pelos trovões que reboam no ar. Queimarei sete grãos de milho vermelho no fogo ardente e a tempestade passará, na força de tua espada milagrosa. Eparrei, minha Mãe! Tua bênção e tua misericórdia para os teus filhos de fé!

DEFESA DA BELA OIÁ

Quando precisar de uma proteção especial de Iansã, reze a ela diante de sua imagem, junto à qual deve estar o cálice vermelho consagrado à santa, com água pura. Terminando a oração, pegue o cálice cuidadosamente, trace com ele o sinal-da-cruz diante do corpo e coloque-o de novo no lugar.

Me guarda, me guia, Iansã, senhora da ventania. Tenho medo do destino e nada sei enfrentar; me mostra um caminho certo, por onde devo passar. Confio na tua espada, no teu cálice sagrado, Santa Bárbara, guerreira Iansã, no meu gongá. Protege teu(tua) filho(a) agora, não me deixes balançar; protege-me com teu escudo de vencedora de guerra. Teus inimigos hoje estão embaixo da terra; sendo eu um(a) protegido(a), com o teu cálice bento irei me cruzar, seja noite ou seja dia ninguém vai me derrubar. Axé.

Xangô faz justiça com suas orações

Agô, agô, meu pai
Eu sou seu filho
Filho de Umbanda não cai.

Xangô é rei da justiça, senhor do trovão. Sua morada é no alto das pedreiras. Advogado na linha de Umbanda, é senhor de muito axé. Seu dia é a quarta-feira. Suas cores são marrom e vermelho. Seu metal é o cobre. Suas ervas são pára-raio e musgo de pedreira.

Diferentes variedades de Xangô são identificadas com São José (19 de março), São João Batista (24 de junho), São Pedro (29 de junho), São Jerônimo (30 de setembro) e São Judas Tadeu (28 de outubro).

PROTEÇÃO DE XANGÔ

Senhor meu Pai, o infinito é tua grande morada no espaço; teu ponto de energia é nas pedras das cachoeiras. Com tua justiça fizeste uma construção digna de grande rei. Meu Pai Xangô, tu que és defensor da justiça de Deus e dos homens, dos vivos e dos além-morte, tu, com tua machadinha de ouro, defende-me das injustiças, acobertando-me das mazelas, das dívidas, dos perseguidores mal-intencionados.

Protege-me, meu glorioso São Judas Tadeu, Pai Xangô na Umbanda. Sê sempre justiceiro nos caminhos em que eu venha a passar. Com a força desta prece, sempre contigo estarei, me livrando do desespero e da dor, dos inimigos e dos invejosos, dos indivíduos de mau caráter e dos falsos amigos. Axé.

MISERICÓRDIA DE MEU PAI XANGÔ

Vá a uma pedreira e apanhe doze pedrinhas bem pequenas, pedindo licença a Xangô. Guarde-as em casa. Numa quarta-feira, pegue uma das pedras, faça esta oração e, em seguida, guarde a pedrinha na bolsa ou carteira. Leve-a consigo durante doze dias. Coloque então essa primeira pedra em um cantinho do seu altar, junto da imagem de Xangô. Pegue outra pedra, faça a oração, leve-a consigo por outros doze dias e ponha-a junto à primeira. Repita o procedimento com as doze pedrinhas, fazendo um montinho de pedras sobre o altar. Deixe-o lá, na intenção de Xangô.

> Guarda-me, meu Pai Xangô. Em teu castelo de pedras, coloca-me sob a tua proteção, pois, com os mistérios deste mundo material, teu reinado é o meu melhor refúgio. Crê-me, meu Pai, meus amigos me abandonaram, meus caminhos se fecharam, meu emprego eu perdi, até meu sentimento está abalado. Nesta minha fase difícil, confio em ti e sei que minha vida vai mudar, pois tenho uma pequena pedra, que manterei comigo durante doze dias e ao final dos doze dias a colocarei sobre mais onze pedras e, a partir daí, certeza terei da vitória, porque pedra sobre pedra se torna uma grande rocha. Axé.

JUSTIÇA DE XANGÔ

Lírios brancos trazem paz, tua machadinha a justiça, o teu leão a segurança, as tuas mãos a verdade. Ajuda-me, meu Pai Xangô, pois este(a) teu(sua) filho(a), carente de apoio e de justiça, vem tentando desembaraçar seus papéis que, em mãos de advogados como tu, cada vez se enrolam mais. Senhor meu Pai, na justiça vencedor de causas difíceis, neste momento eu coloco minha causa nas tuas mãos e de teus doze ministros, para que possa deles receber minha sentença, e assim certo estarei pronto(a) para a justiça da Terra. Axé.

Preces que encantam para Mamãe Oxum

Mãe do ouro, deusa do amor, senhora das águas doces, seus encantos vêm das águas das cachoeiras. Seu dia é o sábado. Suas cores são amarelo e azul-claro. Seu metal é o ouro. Seu local sagrado é a cachoeira. Suas ervas são oriri-de-oxum e macaçá.

Sua saudação é: "Ai iê ieu, Oxum." Oxum é sincretizada com Nossa Senhora da Conceição, festejada no dia 8 de dezembro.

PRECE PARA ARRANJAR CASAMENTO

Durante sete dias seguidos, faça um banho de cheiro, cada um deles com as pétalas de uma rosa amarela e sete gotas do seu perfume preferido em água pura. Ao tomar o banho, recite esta oração.

> Ó minha Mãe Oxum, sei que por amor também muito lutaste, e em momento algum desanimaste e abandonaste a luta. Confiante na tua força, estarei firme e orando. Minha Mãe Oxum, faz com que eu consiga tornar realidade o meu caso de amor. Somente assim eu estarei realizada(o) na vida e terei a minha sorte finalmente esclarecida no campo do amor. Mãe Oxum, senhora das águas doces,

com sete rosas amarelas e com sete gotas de perfume, durante sete dias tomarei um banho na tua fé; tenho certeza, senhora, de que serei vitoriosa(o). Obrigada(o), Mamãe Oxum.

PRECE PARA ENGRAVIDAR

Faça esta oração sempre às 18 horas em ponto. Repita-a com muita fé, até que seu pedido seja atendido.

Ó misericordiosa Mãe Oxum, vós que sois mãe, como eu gostaria de também ser, nesta prece vos rogo e suplico que intercedais junto a meu Pai Oxalá, em favor da minha necessidade de fortalecer meu ovário, para que possa engravidar. Com o vosso poder, a partir deste instante, abrindo o meu chacra positivo, que eu possa assim plantar e finalmente prender a minha primeira semente com amor, e firmar a minha raiz. Axé para vossa filha, Mamãe Oxum!

OXUM COM AMOR

Faça esta oração para obter o amor da pessoa de quem gosta.

Senhora Mãe das águas doces, me guarda, me guia e me protege sempre em minhas necessidades. Abranda, minha Mãe, o coração de Fulano(a) (dizer o nome da pessoa amada), para que eu tenha direito a um pouco de felicidade. Na tua força, na tua candura, na tua meiguice, tenho certeza, estarei sempre protegida(o). Com Fulano(a) preso(a) nas amarras desta prece, das mãos de minha Mãe Oxum jamais sairá. Sob as energias das águas doces, ninguém conseguirá desmanchar este pedido meu, e somente assim Fulano(a) estará definitivamente amarrado(a) a mim. Ai iê ieu, Oxum.

OXUM E SUA ORAÇÃO DE FARTURA
Vá até a beira de uma cachoeira, levando sete moedas amarelas de qualquer valor. Chegando lá, faça esta oração, enquanto passa as moedas uma a uma no corpo, e as joga na cachoeira.

Ó minha gloriosa Nossa Senhora da Conceição, que és minha Mãe Oxum, guarda meu corpo, minha casa, minha vida, fazendo com que jamais falte alimento em meu lar. Faz, minha Santa Mãe, que, de todo o dinheiro que pela minha porta passe, parte entre em minha casa e nela se multiplique. Com essas moedas, que te entrego em tuas águas, estarei a partir deste instante abrindo caminho para que nada me falte. Que eu tenha sempre estradas limpas para caminhar livremente. Tal como as águas rolam livres nas cachoeiras, eu também estarei livre e bem protegida(o). Salve Mamãe Oxum da Cachoeira.

AMARRAÇÃO DE UM AMOR
Minha Mamãe Oxum, chamo pelo teu nome como pelo nome de alguém que possa trazer para mim paz e prosperidade, alguém que possa trazer para mim felicidade. As águas tanto rolam, que acabam sempre desembocando no mar. Assim como as águas, eu também estarei encontrando o meu caminho, que irá direto

ao meu amor. Pela confiança que deposito em ti, tenho certeza de que ele será sincero e eterno junto a mim. Com isto, minha Mãe Oxum, teu nome será sempre louvado pelos quatro cantos do mundo, pois, por onde eu passar, teu nome em forma de oração irei sempre chamar. Salve, Nossa Senhora da Conceição, salve, minha Mãe Oxum.

PROTEÇÃO DE MAMÃE OXUM

Ó águas claras que rolam do alto da cachoeira trazendo energias e forças para mim, para sempre me proteger contra todos os males materiais e espirituais que sinto hoje e que porventura venha a sentir amanhã. Com tuas lágrimas, senhora, que rolam nas pedras da cachoeira, estarei purificada(o) de todas as maldades do mundo. Com a tua energia, estarei abrindo os meus caminhos para um amor eterno junto aos meus dentro de minha casa. Axé.

ORAÇÃO PARA A PROSPERIDADE

Aos sábados, prepare um banho com as ervas de Oxum. Depois de um banho de higiene comum, jogue o líquido no corpo, do pescoço para baixo, dizendo esta oração.

Mãe Santíssima, que de ouro foi coberta, assim traz amor e riqueza para dentro de minha casa e que permaneça para sempre. Confio em ti, não me deixes, Mãe Oxum, cair no lago das tristezas e das mágoas. Que eu saiba sempre confiar na tua força, pois, com o teu sagrado manto azul, estarei sempre protegida(o), erguendo minha bandeira de luta e certa(o) de minha vitória. As águas perfumadas de Mamãe Oxum irão sempre me limpar a aura e me transportar para o caminho de Deus, o caminho do Bem. Axé.

Nos murmúrios das ondas, rezas para Iemanjá

Eu vou ao mar
Levar flores para Iemanjá
É fevereiro, todos lhe querem louvar.

Iemanjá é a rainha do mar, e também Inaê, senhora das cabeças. Seu dia é o sábado. Suas cores são branco e azul-claro. Seu local sagrado é o mar. Suas ervas são colônia e rosa branca. Seu metal é a prata.

Iemanjá é sincretizada com Nossa Senhora da Glória (15 de agosto) e Nossa Senhora da Luz ou das Candeias (2 de fevereiro). Às vezes é também associada a Nossa Senhora da Conceição (que é mais comumente ligada a Oxum).

ORAÇÃO DA VOLTA

Esta é uma trezena (rezada durante treze dias consecutivos) para obter uma reconciliação com seu amor. Como é dito na oração, ao ter seu pedido atendido, entregue, numa praia de mar, sete rosas brancas para Iemanjá.

> Virgem Imaculada, pureza sobre as ondas, rosa branca em minha vida na nossa Umbanda. Neste momento difícil de minha vida, com meu coração partido de tanta saudade e muita solidão, rogo-te, Senhora, teu amparo e proteção para o

meu destino, que por forças ocultas se encontra carente de afeto, de amor e de paz. Minha Mãe Iemanjá, teu mar é infinito, como infinita é a força da tua luz; tenho certeza, Senhora, que de posse desta oração, e fazendo-a durante 13 dias, conseguirei trazer Fulano(a) (dizer o nome da pessoa amada) de volta para mim, já que por sete mares navegou sem conseguir encontrar o caminho de retorno. Faz-me feliz e vitoriosa(o), minha Mãe Iemanjá, e te prometo lançar sobre as ondas do mar sagrado, tua divina morada, sete rosas brancas, como branca é tua pureza. Axé.

AMARRAÇÃO NO MAR

As águas rolam sempre, nunca as vejo voltarem. Assim como as águas vão, você ficará andando, rolando como um andarilho, enquanto não voltar para mim. Com meu coração confiante na força de minha Mãe Iemanjá, estarei esperando por você. Aí sim, para mim tudo ficará odara, pois na força do mar sagrado, e por mais que seu barco queira tomar destino diferente do meu, com meu sentimento e o apoio de minha Mãe Iemanjá, estaremos sempre juntos. Uma corrente bem forte vai mostrar a você o caminho certo e verdadeiro, que é junto a mim. Ó minha Mãe, assim como tu és dona deste infinito de águas, eu serei, na tua fé, a(o) única(o) dona(o) de Fulano(a) (dizer o nome da pessoa amada), seja no mundo dos vivos ou no mundo do Além. Ninguém jamais há de tirar Fulano(a) de mim. Axé.

REFLEXOS NAS ONDAS
Entregue numa praia de mar, como presente a Iemanjá, sete espelhinhos, fazendo esta oração.

Nossa Senhora Iemanjá, dá-me tua puríssima proteção: tua corrente é forte e positiva. Através de sete espelhos poderei, finalmente, ver todas as minhas carências refletidas sobre as ondas do mar sagrado, e eu, humilde na minha fé, terei assegurado o meu caminho verdadeiro, pois a glória de ter Iemanjá, minha Mãe na Umbanda, a cada instante aumenta minha fé. Me protege, Senhora, dona da Calunga Maior, Madona dos sete mares, Janaína, Inaê. Axé.

RAINHA DO MAR
Iemanjá, Rainha do Mar, teu reinado é imerso em muita luz e força para proteger teus filhos na Umbanda. Nossa Mãe Iemanjá, uma grande legião de ondinas e sereias está sempre pronta para nos dar proteção, ajudadas pelas forças de Netuno; e todos os caminhos estão abertos, principalmente para a riqueza, pois teu tesouro está no fundo do mar. Por isso, minha Mãe Rainha do Mar, eu, humilde filho(a), desejo pedir-te que abras meus caminhos. Assim como fizeste com os pescadores, que há tempo nada pescavam, que elevaram o pensamento ao alto e rogaram, e na noite de lua cheia seus ecos se fizeram ouvir por todo o mar. Com a proteção de teu manto, minha Mãe, sei que estarei amparado(a) e guiado(a) para um bom caminho. Axé.

LIMPEZA DE AURA

Numa noite de lua nova, vá até a beira de uma praia de mar, levando um espelhinho quadrado. Segure o espelho na mão direita, concentre-se e olhe-se nele, imaginando que tudo de mal passa de você para ele. Faça esta oração e, quando terminar, jogue o espelho no mar. Vá embora sem olhar para trás.

> Sei que tua força tem raiz no fundo do mar. É lá que mora todo o teu mistério. Minha vida anda muito embaraçada e, neste momento, abrirei todos os meus chacras positivos e esquecerei todos os negativos, fazendo assim uma corrente forte junto à magia forte das águas, nesta noite de lua nova. Minha mãe Iemanjá, faz com que meus problemas passem todos para este espelho, e permite que ele os leve direto para o fundo do mar. Assim estarei me limpando, na força mágica da dona do mar sagrado, trazendo luz muito clara para minha aura, que terá reflexos na próxima lua nova. Por tua força, Iemanjá, meus caminhos estarão limpos, abertos e repletos de felicidade. Axé.

MÃE SEREIA

Para pedir fartura, sucesso e prosperidade a Iemanjá, entregue-lhe, numa praia de mar, sete moedas brancas de qualquer valor, fazendo esta oração.

> Quando em noite de luar, vi o pescador ir em direção ao mar, fazendo sua reza, saindo para pescar. Um dia lhe perguntei: "Como consegues, pescador, tanta fartura na pesca, se estás sempre só?" Respondeu: "Engano seu, nunca

entrei no mar sagrado sozinho, sempre estou na boa companhia de Mãe Sereia, ela está sempre comigo. Primeiro, lanço para ela sete moedas brancas e vou buscar o meu peixe." Assim farei, de agora em diante. Seguirei o conselho do pescador: nada farei sem ir à beira do mar sagrado lançar meu pedido de sorte: sete moedas brancas para minha Mãe Sereia me ajudar. Sei que serei vitorioso(a).

ORAÇÃO A IEMANJÁ

Vós que governais as águas, derramai sobre a humanidade a vossa proteção. Ó Divina Mãe, que uma descarga de limpeza caia sobre os corpos materiais e auras da humana gente, incutindo nos corações de todos o respeito e a veneração a essa força da natureza que simbolizais. Fluidificai, Senhora, nossos espíritos, descarregai de nossa matéria as impurezas. Permiti que vossas falanges organizadas nos protejam e amparem. Assim também fazendo com toda a humanidade, Senhora Iemanjá, guardai-nos para todo o sempre. Salve, Iemanjá, salve a Rainha do Mar.

PROTEÇÃO DE IEMANJÁ

Rainha das águas salgadas, protetora dos sete mares, dona da Calunga Maior, com todas estas forças, Senhora, protege-me para que eu não caia em ciladas armadas pelo destino. Eu que dele desconheço, te rogo, Mãe Iemanjá, assim como a senhora guarda e protege os tesouros do fundo do mar, me guarda e me protege. Purifica, minha sagrada Mãe, tudo à minha volta e ao redor de todos que vivem comigo. Não permitas, Senhora, que eu tome qualquer iniciativa perversa contra qualquer pessoa que de alguma forma queira me atingir. Dá-me forças para que eu os perdoe, que eles sejam meus irmãos e meus amigos, na força das tuas águas. Assim seja e assim será. Axé.

REZA À MAMÃE SEREIA

Ó Puríssíma Senhora, que o reflexo que a lua faz nas tuas águas possa também recair sobre minhas necessidades. Que não haja trevas em minha vida, que a fé que deposito em teu axé possa ser a bússola do meu futuro, e que, com o teu manto sagrado cravejado de estrelas, ampares teus filhos das maléficas marolas da vida material. Que marolas do bem, governadas pela tua força, possam levar para o infinito as maldades que perseguem minha vida. Axé.

Sob o acalanto da chuva, preces para Nanã Burucu

Saluba, Nanã Nanã Buruquê,
Quanta alegria no terreiro vendo você.

Nanã é a mãe das águas salobras dos rios e poços. É cacurucaia de umbanda, a mais velha iyabá. Seu dia é o sábado. Sua cor é o lilás. Seu local sagrado é o poço. Sua erva principal é o balainho. Seu metal é a prata. Sua saudação é: "Saluba!"

É sincretizada com Sant'Ana, festejada no dia 26 de julho.

PRECE A NANÃ BURUCU
Senhora Sant'Ana, Mãe de Maria, Senhora e Rainha, Mãe das Mães, Nanã Burucu, orixá divino, dona das águas calmas, rainha do mar, das chuvas, do arco-íris, soberana portadora das grandes lições do mestre, ensina com carinho a todos os teus filhos na Umbanda, que te procuram em busca de teu axé. Sejamos dignos do amor deste grande orixá, para alcançarmos os degraus da fé e da esperança de um dia melhor. Que as bênçãos de Nanã Burucu sejam derramadas sobre toda a humanidade, e que as luzes do seu bendito amor

sejam de união e compreensão para todos os umbandistas. Nós te esperamos, Mãe Nanã, se merecida for tua presença em nosso gongá. Te agradecemos o bálsamo do teu infinito amor derramado em nosso amalá, em nossas cabeças, para que se fortifique nosso espírito. Ampara-nos, Nanã Burucu, ajuda-nos a vencer em nossa vida espiritual e a jamais renegar mestre Jesus de Nazaré. Axé.

ORAÇÃO A NANÃ

Saluba, Nanã Burucu, saluba senhora, Mãe de todas as mães. Permite que juntos, neste momento de fé, possamos penetrar na tua casa de sapê, construída na beira da mina por teu filho Obaluaê. Imbuídos de tua luz, seremos dignos de tua paciência. Glorificado seja o teu sagrado nome. Ampara-nos, Senhora, por todos os caminhos que passarmos; perdoa nossas falhas. Na angústia do desejo, sempre esquecemos a resignação, esquecemos teus padecimentos, que não foram pequenos, e tuas angústias, senhora, na verdade, bem maiores que o que passamos aqui na vida material. Dá-nos, minha Mãe, tua força, a força do teu axé, para que sejamos dignos da tua proteção. Axé.

SEGURANÇA COM A MÃE NANÃ

Providencie um pedaço de fita roxa, da mais fina, com cerca de 30 cm de comprimento. Consagre-a a Nanã, fazendo esta oração. Depois, guarde-a na bolsa ou carteira, e leve-a sempre com você. Se algum dia for acompanhar um enterro, deixe essa fita junto ao falecido. Mais tarde, providencie outra fita igual e refaça a consagração.

Tenho sempre guardado dentro do meu coração o teu nome. Digo em forma de louvação: somente quem sofre é que pode dizer realmente o que é sofrer. Por isso, minha Mãe Nanã, é que te suplico neste instante: me guarda e me guia para que meus caminhos estejam sempre bem abertos. Eu andarei com este breve de fita roxa, em tua homenagem. Sempre que eu for acompanhar um enterro, deixarei a fita lá e colocarei outra no lugar, pois sei do teu fundamento com a morte e desta quero sempre me distanciar, até a hora em que o Mestre me chamar.

ORAÇÃO DE AMOR

Nanã é senhora das feitiçarias. Por isso, a ela se pede proteção contra magias e malefícios. Esta oração é para pedir que Nanã proteja você e seu amor contra qualquer um que queira separá-los. Ao fazer a oração, coloque quatro dentes de alho roxo dentro de um potinho, embaixo do fogão. Quando esses dentes murcharem, troque-os por novos. Tenha sempre essa segurança em casa.

> Bendito e louvado seja o sagrado nome da Senhora Santana, que é a nossa Mãe Nanã Burucu na Umbanda. Nos quatro cantos da vida ou nos quatro da morte, estarei pedindo sempre a Nanã que livre a mim e a Fulano(a) (dizer o nome da pessoa amada) dos feitiços e das mandingas que porventura possam vir para nos separar. Terei sempre esse alho em casa, para que inimigo nenhum possa me pegar de surpresa, pois o fogo inimigo que surgir logo encontrará barreira.
> Sei que o amor não pede para entrar no coração das pessoas, e o amor de Fulano(a) entrou

no meu. Eu te peço, com paixão e pela paixão de Nosso Senhor Jesus Cristo, pelo sacrifício que passou na cruz, que meu corpo e o de Fulano(a) estejam sempre fechados contra toda e qualquer bruxaria.

ORAÇÃO DE DEFESA COM NANÃ BURUCU

Ajuda-me, Nanã, livrando-me de todos os males do corpo e do espírito. Guarda-me, grande senhora, como guardaste teus próprios filhos que tanto trabalho te deram. Protege-me, minha Mãe, dos inimigos vivos e mortos. Que seus olhos não me vejam, suas mãos não me toquem, seus pés nunca me alcancem. Que seus feitiços encontrem sempre meu corpo fechado, por ti fechado na Santa Sexta-feira da Paixão. A chave, tu guardaste nas mãos do Mestre e somente ele tem o poder da vida e da morte. Sei que, sob a proteção do teu manto sagrado, eu estarei sempre bem guardado(a). Quando a forte chuva sobre mim se abater, tenho certeza, será o teu pranto a me proteger com o tom lilás, evitando aqueles que a mim tentarem atingir. Axé.

REZA DA SABEDORIA

Esta oração é feita para pedir a Nanã ajuda para algum problema enfrentado pela pessoa amada. Ela deverá ser feita diante de um livro que aborde um tema de acordo com o caso para o qual se faz a oração: amor, trabalho, prosperidade, saúde etc. A seguir, abra o livro ao acaso e leia a página: aí estará a mensagem de Nanã para você.

Ó tu, que tiveste de Nanã a sabedoria e o amor; tiveste também o destino de uma flor, a flor que perfuma o teu destino e daquele(a) que a ti dê amor. Abre o livro, por ordem de Mãe Nanã e a mando de Fulano(a) (dizer o nome da pessoa amada), para que saibas o melhor a fazer, para que tenhas a certeza e a convicção de que estás certa(o) nos teus cálculos e nas tuas andanças pela vida. Guarda, minha Mãe, as surpresas da vida de Fulano(a), sempre para o bem. Com muita presença de espírito e na tua força, Fulano(a) sairá vitorioso(a) nas coisas que mais almeja.

Tempo em tempo de oração

Lara Tempo
Lara Tempo ê
Lara Tempo
Lara Tempo á

Tempo é o orixá da força da mudança do tempo, que ajuda a todos nas grandes transformações, trazendo o bom tempo para a vida dos fiéis. Senhor gentilheiro, sua bandeira branca traz a paz. Seu dia é a quinta-feira. Sua erva é a folha de gameleira. Seu local sagrado é o pé de gameleira. Sua saudação é: "Lara Tempo."

É sincretizado com São Lourenço (10 de agosto), que foi queimado vivo sobre uma grelha em forma de escada, semelhante à ferramenta do orixá, que simboliza os degraus das estações do ano.

ORAÇÃO PARA O ORIXÁ TEMPO
Faça esta oração em um lugar aberto, junto a um arvoredo. Se for possível, diante de uma gameleira.

Santíssimo e louvado seja o teu nome nas alturas. Que tu corras os quatro cantos do Universo, para que o bom tempo aconteça para mim. Que neste instante eu, de joelhos diante do teu arvoredo, mereça de ti uma graça, uma proteção. Que hoje e sempre, neste momento e principalmente no mês de agosto, quando és louvado, quando o teu nome é lembrado através do bondoso mártir São Lourenço, que teve o seu corpo queimado, possas ver o meu sacrifício nesta vida material. Rogo a ti, meu senhor e orixá Tempo, que me tragas tempo de paz, de bonança, de prosperidade. Axé.

PRECE A TEMPO EM HORAS ABERTAS

Faça uma bandeira de Tempo com um retângulo de pano branco (morim ou algodão), aproximadamente do tamanho de uma folha de papel, preso a uma vareta de madeira de tamanho proporcional. De acordo com suas possibilidades, arranje um lugar para prendê-la em sua casa, ou na bandeira da porta de entrada, pelo lado de dentro, ou acima dela, pelo lado de fora.

Ó Mártir São Lourenço, que o teu nome hoje e sempre esteja entre nós, e que, através da tua força, tenhamos bom tempo. Que sempre haja bom tempo para as nossas caminhadas. Tempo para tomar nossas decisões contando com tua força positiva. Fortes ventanias levarão para bem longe os tempos negativos de minha vida. Para isto manterei sempre tua bandeira branca no alto de minha casa, onde louvarei Tempo como um grande cavalheiro; e terei a certeza do permanente bom Tempo ao meu lado. Axé.

REZA PARA TEMPO ABRIR OS CAMINHOS

Providencie uma folha de gameleira. Numa quinta-feira, vá até um local onde haja um arvoredo. Recite a oração, enquanto passa a folha pelo corpo. A seguir, entregue a folha junto a uma árvore e vá embora sem olhar para trás.

Eu creio no Espírito Santo. Eu creio na força de Tempo. Eu creio na tua bandeira, que é branca, pura e verdadeira. Tempo, orixá do axé, em quem deposito minha fé. Na folha da gameleira firmo meu pensamento, passo a folha pelo meu corpo e despacho no pé de um arvoredo, na certeza de que Tempo abrirá os meus caminhos para a prosperidade. Axé.

ORANDO A TEMPO PARA VENCER DEMANDAS

Glorioso e misericordioso sejas tu, meu Pai Tempo. Com o teu corpo marcado pelo sacrifício, queimado sobre a grelha, queiras tu, neste instante, meu Pai, que se queimem todos aqueles que tentarem a mim queimar ou por qualquer outro tipo de demanda queiram me atingir. Forças não terão, pois, como mártir milagroso, meu corpo defenderás. Crê, meu Pai, que a fé que tenho em ti é o bastante para saber que o tempo muda a qualquer momento. É bastante que uma ordem tua não seja cumprida. Somente tu tens o tempo certo do Tempo, que o Tempo tem a minha fé e haverá sempre bom tempo para mim. Axé.

BANDEIRA BRANCA DE TEMPO

Faça esta oração na lua cheia, para amarrar seu amor. Escreva-a em um pedaço de papel branco. Guarde-o na carteira ou na bolsa, e leve-o sempre com você. Faça sete cópias e entregue para sete pessoas que tenham o mesmo problema que você.

Ó meu Pai, sagrada seja a tua luz, que brilha no firmamento, sempre para abrir caminhos novos e para o bem. Tempo, orixá meu Pai, vale-me na minha necessidade, pois me encontro aflita(o) e a ti recorro, na certeza de ser atendida(o). Peço-te que Fulano(a) (dizer o nome da pessoa amada) e eu nos unamos para sempre. Na minha aflição, tua força levarei nesta oração. Sete cópias passarei para mais sete pessoas necessitadas iguais a mim. A cada lua cheia, teu nome louvarei, para que todos saibam que minhas preces foram ouvidas. Na tua fé, meus inimigos de mim se afastarão para bem longe e jamais terão do meu nome a mais pálida lembrança. Na força do Orixá Tempo, ninguém me atingirá, nem hoje nem nos dias do futuro. Axé.

Omolu e suas preces que curam

Tilim, tilim, tilim,
Mas o seu sino faz assim.
Tilim, tilim, tilim,
Seu Omolu já vem aí.

Senhor do cemitério, mestre e guardião dos enfermos, Omolu (também chamado Obaluaê e Xapanã) é o médico dos pobres, orixá das doenças e da cura. Seu dia é a segunda-feira. Suas cores são preto e branco. Seus locais sagrados são o cemitério e o mar. Seu metal é a prata. Suas ervas são canela-de-velho e barba-de-velho.

Omolu é sincretizado com São Lázaro (17 de dezembro) e São Roque (16 de agosto). São Lázaro morreu e ressuscitou pela força de Jesus; por isso, tem poder sobre a morte. São Roque nasceu no século XIV, na França, e auxiliou o povo atacado pela peste, com curas milagrosas.

ORAÇÃO DE MISERICÓRDIA DE OMOLU
Senhor, derrama sobre mim neste instante tuas bênçãos, para que eu possa me levantar deste leito no qual já estou há longo tempo, e por este motivo sinto-me desesperançado(a) da cura pela medicina. Confio em ti e na tua força. Meu mestre Omolu, meu médico no espaço, tem piedade de mim, dá-me o poder da cura;

assim eu poderei novamente caminhar e cuidar da minha vida material e espiritual, pois, de posse da tua luz e da tua energia, irei me levantar deste leito. Confio na tua misericórdia. Axé.

CHAGAS ABERTAS DE MEU PAI OBALUAÊ

Quando clareia a madrugada, tenho mais um dia de dor para passar, e quando a noite se aproxima, percebo que será mais uma noite de aflição e desespero. Sim, desespero, meu Pai, porque me encontro enfermo num leito. Sei também do quanto sofreste com o teu corpo chagado. Mas confio na tua palha, e por todos os martírios e dores que já sofreste na tua longa caminhada, rogo, meu mestre Obaluaê, que derrames um lenitivo para este teu filho, já que para mim não vejo mais sentido em viver. Somente o milagre da tua proteção fará com que melhore minha saúde. Vale-me, Seu Obaluaê, estou enfermo do corpo e da alma. Axé.

REZA DE XAPANÃ

Esta reza deve ser recitada enquanto se prepara um remédio com ervas ou um banho purificador com a força de Omolu.

Meu Pai Xapanã, como posso confiar neste momento de dor, quando tudo já tentei e nada consegui para aliviar as feridas do meu corpo? Sei que a tua flora é muito grande; faz, meu Pai, com que estas ervas que estou macerando dêem um ponto final ao meu sofrimento, pois farei sair das folhas o sumo, o sangue verde de purificação, que jogarei por todo o meu corpo.

Com o meu pensamento voltado para ti, tenho certeza, estarei coberta(o) pelo teu axé. Meu Pai Xapanã, tua força é infinita, como infinito é o nosso Universo. Me guarda, me guia e me cura, meu Pai Xapanã.

AGRADECIMENTO A OMOLU POR CURA ALCANÇADA

Santíssimo seja o nome de São Lázaro, Omolu na linha da Umbanda, grande guardião dos moribundos, que está sempre na cabeceira dos enfermos. Gloriosa seja a sua força e a sua luz, ele que teve o seu corpo em chagas, ele que tudo sofreu mas não permitiu que nada o abatesse e fizesse perder a fé. Neste momento, senhor Omolu, eu te agradeço pela minha cura: eu, que já tinha perdido todas as esperanças de me restabelecer, encontro-me hoje totalmente curado. Foi tua força, pois quem ontem me viu doente, hoje já não me reconhece. Obrigado, Seu Omolu.

PRECE DE CURA DE OBALUAÊ

Esta prece deve ser feita pelo doente quando receber uma fita de palha-da-costa consagrada a Omolu, para concentrar a força do orixá para a cura de uma doença. Essa fita é amarrada no braço esquerdo e protege contra forças malignas.

Meu corpo está caído de tanta dor. Minha agonia é grande e minha cabeça chega a ter reflexos imaginários. Ajuda-me, Obaluaê! Somente tu podes me ajudar neste momento. Creio que, na tua fé, e se eu amarrar uma fita de tua palha-da-costa em meu braço, estarei me imunizando dos males que estou padecendo. Encontro-me abatida(o), sem apetite, sem forças, totalmente frágil. Confio no teu axé e na tua força positiva. Somente tu, senhor, podes me valer.

ORAÇÃO A OMOLU EM MOMENTOS DIFÍCEIS

Faça esta oração pedindo a cura de uma doença. Enquanto recita a oração, ponha a mão (de preferência, a direita, se for possível) sobre a parte do corpo que está enferma, e concentre-se, para que por ela passe a força do axé de cura de Omolu.

> Caminhos trevosos, caminhos de dor e de angústia, isto tem sido o meu viver. Estou sempre buscando alívio para os males da minha vida; no entanto, sempre encontro obstáculos que me impedem de chegar à vitória. Trago comigo uma grande dor no corpo, que há muito me acompanha. Meu Pai Omolu, dá-me tua proteção em forma de cura, pois já não tenho momentos de alegria e prazer. Muitas dores vêm destruindo os meus dias de vida, por isto te suplico, tem piedade de mim! Pelos caminhos em que passaste, ao longo de tua caminhada, muitos te evitaram, te expulsaram, quando na verdade nem imaginavam a injustiça que estavam cometendo, sem saber o teu grande poder de curar. Neste momento, com a mão sobre minha dor, elevo meu pensamento a ti, tendo a certeza de que todos os males sairão do meu corpo de uma só vez. Salve, Pai, Mestre Omolu.

__Orar com alegria para as Crianças__

A Falange da Beijada é formada pelas crianças (erês) da umbanda. Este nome vem de Ibeji, o orixá duplo (gêmeo), protetor das crianças. Seu dia da semana é o domingo. Suas cores são cor-de-rosa, azul-claro, verde-claro, amarelo. As crianças gostam de doces e brinquedos, e recebem oferendas em jardins bonitos e limpos. Apesar de fazerem muitas brincadeiras, são fortes e protegem principalmente as crianças, as famílias e as uniões. Sua saudação é: "Salve a Beijada!"

Ibeji é sincretizado com os Santos Cosme e Damião, comemorados pela umbanda no dia 27 de setembro, data da grande festa da Beijada nas casas de umbanda.

PRECE PELA HARMONIA NO LAR
Salve, São Cosme e São Damião, meus santos meninos, me guardem neste momento em que rogo a sua proteção para minha casa. Mantenham a união e a alegria de todos. Amém.

PROTEÇÃO PARA CRIANÇAS E JOVENS
Santos protetores, anjos que nos guardam com sua energia positiva, levem e tragam Fulano(a) (dizer o nome da criança ou jovem) aonde vá, na escola, no clube, no trabalho, enfim. Com sua capa, o(a) protejam hoje e sempre. Amém.

ORAÇÃO PELA SAÚDE DE UMA PESSOA
Ao fazer esta oração, acenda uma vela branca comum.

Minhas crianças iluminadas, neste momento em que estou em aflição, peço pela saúde de Fulano(a) (dizer o nome da pessoa). Sua sabedoria de médicos mandará, através da luz, o caminho certo da cura. Acendo agora esta vela e aguardo sua resposta, que sei que será certa. Salve os santos meninos.

ORAÇÃO DE PROTEÇÃO PARA UMA PESSOA
Falangeiros da alegria, com suas brincadeiras, estejam sempre junto a Fulano(a) (dizer o nome da pessoa), protegendo e amparando em todos os caminhos. Não deixem nada nem ninguém atrapalhar, para que a vitória seja alcançada, seja com adulto ou criança.

REZA FORTE PARA SÃO COSME E SÃO DAMIÃO
Faça esta oração pedindo a ajuda das Crianças para conseguir um emprego e ter prosperidade. Mas lembre-se de que o compromisso assumido com a Beijada é muito sério: se fizer a promessa de dar a mesa de doces, deverá cumpri-la religiosamente.

São Cosme, São Damião e Doum, minhas crianças na umbanda, ajudem-me nesta hora, para que, com a alegria e brincadeira de vocês, possa tirar de mim toda a tristeza em que me encontro. Tudo para mim tem sido sempre tão difícil! Com esta oração, espero arranjar um emprego. Eu deposito, minhas crianças, tudo de mim nas mãos de vocês. Prometo, gloriosos

São Cosme, São Damião e Doum, que, assim eu o consiga, darei uma mesa de doces em um jardim bem bonito. Salve as minhas crianças da umbanda.

ORAÇÃO DE PROTEÇÃO NOS ESTUDOS
Meu Pai Oxalá, vós que permitis que esta falange tão forte, brincalhona e poderosa nos ajude, peço-vos, Senhor, que Fulano(a) (dizer o nome da pessoa) consiga passar nas provas que são de grande importância para ele(a). Tenho certeza, São Cosme e São Damião, que trabalham pelas crianças e pelos adultos. Contando sempre com a proteção de nosso Pai Oxalá, estes santos, representados por erês nos barracões, atenderão meu pedido. Confio cegamente que Fulano(a) (dizer o nome da pessoa) não encontrará dificuldades e vai passar nas provas.

PRECE DE VOLTA
Faça esta oração para pedir que seu amado volte para você. Leve para a beira de uma praia uma maçã doce, bem vermelha, um pedaço de papel (pequeno) com o nome do seu amado escrito, um potinho de mel e uma faquinha. Chegando lá, retire com jeito o centro da maçã, onde ficam as sementes; enrole o papel bem apertado, enfie no buraco e derrame por cima o mel. Recite a oração e entregue a fruta na beira do mar. Quando seu pedido for atendido, não esqueça de cumprir a promessa dita na oração.

Caminhei, caminhei, olha como caminhei. Hoje, cansada(o) de tanto andar, na amargura de uma derrota, busco a tua proteção. Salve, Mariazinha da Praia, erê de minha fé.

Adoçando esta maçã com mel e o nome de Fulano(a) (diga o nome da pessoa amada), e colocando-a na beira da praia, ficarei a rezar para que assim, como as ondas vão e voltam, Fulano(a) volte para mim, manso(a), meigo(a) e amigo(a). Assim acontecendo, voltarei aqui e lançarei ao mar três rosas brancas. Salve o erê Mariazinha da Praia.

REZA DE CURA COM PALHINHA

Assim como Omolu cura os adultos, seu erê Palhinha cura as crianças. Para pedir sua proteção para um filho enfermo, faça esta oração sobre um copo com água, com muita concentração, e dê a água para a criança beber.

Ó meu Senhor, Pai Eterno, valei-me neste momento de aflição em que me encontro, com meu filho enfermo, sem saber como curá-lo. Médicos, remédios, nada mais está adiantando, e vibro neste instante, meu Pai, na poderosa falange de Beijada, firmando meu pensamento. Vejo um grande clarão, nele se formando nitidamente a presença de um menino, que diz ser o erê Palhinha de Omolu. Vibrou sobre a água e desta água bebeu meu filho, com a minha fé. Espero que fique curado. Sei que este erê é mensageiro de Omolu, médico dos pobres. Salve o erê Palhinha de Omolu!

IRRADIAÇÃO DE FORÇAS DE TÚNICA DO JARDIM

Toma conta de mim, erê, para que eu não reze em vão, pois tua alegria a mim muito irradia, e é nesta irradiação forte que eu irei te chamar, para que possas florir meu jardim de necessidades. Já fiz plantações e, na realidade, não consegui nenhuma colheita. Tu que falas, ris, brincas e gostas que te chamem de Tuni, estás sempre coberta com as palhas de Xapanã e pronta para ajudar a todos que te chamem, salva-me, Túnica do Jardim!

PRECE PARA VENCER DEMANDAS

No meio de tantas batalhas, cansei. Já sem forças para lutar, e me julgando vencido(a), sem condições até para caminhar, mudei meus caminhos e, por onde eu passava, ouvia sempre a mesma voz dizendo assim: "Vivo nos campos do Humaitá, meu pai venceu a guerra e você vencerá as demandas. Chama por mim e te ajudarei. Quando me chamares, olha para o céu e uma estrela vai brilhar. Sou eu a Estrela Matutina, erê de meu Pai Ogum, que irei teu caminho clarear."

AGRADECIMENTO EM ORAÇÃO

Para agradecer um pedido atendido pelo erê Formiguinha de Angola, prenda sobre um pires uma vela azul clara, e derrame em volta um pouco de mel. Acenda a vela e recite a oração. Repita por sete dias seguidos.

Caminhos existem muitos, mas não sabia qual seria o melhor para eu seguir. Rezei para as crianças e chamei por Formiguinha de Angola, e ele, que é um erê, veio e me deu a direção certa para eu alcançar a minha felicidade. Por este motivo, faço esta prece durante sete dias, em agradecimento pelas graças alcançadas, pois assim como existe a rosa, existe também o espinho; onde houver a semente, uma raiz brotará; e, por todos os caminhos onde eu passar, Formiguinha de Angola também estará.

Preces no rosário das Almas

As preces feitas às santas almas têm sempre um objetivo forte. São preces propiciatórias, de alívio e proteção. Não importa qual seja o caso, a força das santas almas vai muito longe, quando a oração é feita com fé.

A Linha das Almas congrega, entre outros, o povo da África, os queridos pretos e pretas-velhas, as almas dos antigos escravos que aqui sofreram e hoje se dedicam a curar, proteger e ajudar. Seu dia da semana é a sexta-feira, e recebem oferendas em jardins. Suas cores são preto e branco. Gostam de um bom cachimbo, de fumo de rolo e vinho tinto ou café preto. Sua saudação é: "Adorei as almas!"

Sua festa na umbanda é feita no dia 13 de maio, em memória da extinção da escravidão no Brasil.

PRECE AO CRUZEIRO DAS ALMAS

Quem sou? Apenas um pobre ser que carrega sobre os ombros o peso da matéria sofrida. Sou o caminheiro das longas estradas, sonhador das ilusões perdidas. Alma amargurada pela tristeza de ver tantas lágrimas e tantas dores no mundo dos vivos. Aqui, neste silêncio absoluto, ouvindo o sussurro dos ciprestes embalados pelo vento, olho ao meu redor e vejo a inutilidade da ambição terrena dos poderosos, daqueles que se deixaram dominar pela ânsia de querer mais, mais, sempre mais.

Caminho pelas alamedas deste campo-santo e vejo, aqui e ali, a marca de uma vida que não foi vivida. Analiso o sofrimento inútil daqueles que não souberam refrear suas paixões, que não tiveram forças e se precipitaram no abismo do ódio, da inveja, do pecado e da cobiça.

Continuo caminhando. Vejo monumentos, símbolos, efígies, cruzes, além de uma inscrição sobre um escrínio dos entes que se uniram na eternidade. Como teriam sido suas vidas? Amaram-se muito no fim de uma longa existência. E por que não antes? Por que desperdiçaram tantos dias de sol e de luz? O que resta agora? Apenas a saudade dos que ficaram. Quanta angústia sinto, nesse instante em que vejo imponentes mausoléus onde repousaram almas sofredoras! Aqui descansa o ogan, ali o músico, a ialorixá, o professor emérito, a equédi, o político, a iaô, figuras importantes e agora tão iguais. No pórtico desse mundo triste, leio a inscrição: "Lembra-te, homem, que vieste do pó e ao pó voltarás."

ORAÇÃO ÀS ALMAS BENDITAS DA LAMPADOSA

Ó almas santas, benditas, milagrosas e abençoadas pelas três pessoas da Santíssima Trindade. Almas de pessoas que morreram queimadas, afogadas, enforcadas, vocês foram como eu sou e eu serei como vocês. Almas santas dos cativos, almas dos pontífices, almas dos vigários, almas dos prelados, almas daqueles que estão perto de Deus, roguem por mim, para que eu alcance a graça que peço agora (dizer o pedido). Pelo amor de Deus, pelo poder de Deus Filho e pelo poder do Espírito Santo, almas benditas, venham todas em meu socorro, sem demora, em meu auxílio, para alcançar a graça que peço. Almas dos aflitos do purgatório, roguem por mim em favor do apelo que faço. Almas benditas da Lampadosa, a vocês peço, pelo amor que devotam ao Senhor, venham em meu socorro, valham-me na minha aflição, livrem-me de todos os perigos, intrigas, perseguições, obstáculos e dificuldades. Ajudem-me, almas benditas da Lampadosa.

ORAÇÃO À ESCRAVA ANASTÁCIA

Todas as manhãs, antes de sair de casa, eleve o pensamento ao alto e ore à Escrava Anastácia. Tudo correrá bem para você.

Sabemos do algoz que fez da tua vida um martírio, violentando tiranicamente a tua mocidade. Sabemos do teu semblante macio, do teu rosto suave e tranquilo. Nele está estampada a paz que os sofrimentos não conseguiram perturbar. Eras pura, superior, tanto que Deus levou-te para as planuras do Céu e deu-te o poder de fazeres curas, graças e milagres. Anastácia, peço-te, roga por nós, protege-nos, envolve-nos no teu manto de bondade. Com teu olhar justiceiro e firme, penetrante de verdade, afasta de nós os males e os maldizentes do mundo.

ORAÇÃO DE VIBRAÇÃO POSITIVA DE CURA DE PAI TOMÁS DE ANGOLA

Para pedir ajuda em uma doença, faça esta oração durante treze dias seguidos.

> Ó força e luz na vibração positiva de Pai Tomás, que de velho tem sua sabedoria e capacidade de ver, através de nossa aura, nossas necessidades, apontando o caminho para que possamos seguir com saúde e prosperidade. Neste momento, bondoso Pai Tomás de Angola, estou carente de tua mão abençoada, para que eu possa sair deste leito onde me encontro, sem ter tido até agora uma solução. É confiando na tua corrente de luz que terei condições de me levantar e me recuperar totalmente de todos os males materiais ou espirituais. Creia-me, velho Tomás, farei esta oração durante 13 dias. Salve Pai Tomás de Angola!

PROTEÇÃO DE VOVÓ MARIA CONGA

Para obter proteção para resolver um problema grave, repita esta oração durante sete dias seguidos, sempre acendendo uma vela branca comum.

> Ó senhora, que sendo mãe e também avó, é acima de tudo uma grande amiga e protetora de todo aquele que precisa de uma caridade. Com tua experiência, adquirida na senzala e nos grandes casarões dos senhores, angustiada(o) venho, diante de ti, pedir misericórdia para que eu consiga resolver este problema (narrar o problema). Tenho a certeza de que, com a tua ajuda, tudo irei

resolver. Com fé, durante sete dias estarei orando e acendendo uma vela para a Senhora. Axé.

PRECE A VOVÓ CATARINA D'ANGOLA

Vovó Catarina d'Angola, com sua sabedoria, protege as parturientes. Para obter sua proteção, quando estiver se aproximando o dia do parto, acenda diariamente uma vela branca comum e recite esta oração.

> O cativeiro tantas lembranças me traz, penso em ti, Vovó. Busco nesta hora proteção para o meu parto. Vovó Catarina, estende tua mão neste momento sagrado de minha vida. Sei que com a tua ajuda terei um bom parto, seguro e sem qualquer embaraço. Tu que aparaste as crianças nas senzalas, a todas deste teu carinho e tua força. Permite-me, bondosa Vovó Catarina, que meus inimigos presentes ou ocultos não tentem embaraçar o meu parto, pois estarei sob a tua proteção. A partir de hoje manterei sempre uma vela acesa para a senhora, até a chegada do meu novo filhinho. Axé.

REZA FORTE DE MARIA REDONDA

Peça a ajuda de Vovó Maria Redonda quando estiver numa grande dificuldade e precisar tomar uma decisão importante.

> Com a minha necessidade, quero teu nome chamar, como amiga e conselheira, que muito sofreu nas senzalas, mas que por lá da vida também muito aprendeu, e na Umbanda vem

sempre para nos ensinar. Forte cozinheira, ama-de-leite, rezadeira, me guarda nesta hora em que devo decidir a minha vida. Conto com a tua fibra e proteção. Axé.

REZA DE PAI BENEDITO
Pedindo ajuda para conseguir um emprego.

Teus cabelos brancos representam nuvens, teus sofrimentos somados à tua experiência de lutas, de derrotas, mas também de vitórias nos longos caminhos que da vida somam um saldo positivo. Pai Benedito, hoje sentado no teu banco, com teu cachimbo a pitar dentro do terreiro, fazes tantos milagres; assim, concedes graças aos que buscam teu caminho de luz. Justamente neste instante peço-te para que abras meu caminho, para que eu possa arranjar um emprego para minha sobrevivência. Concede-me, Senhor, esta graça; confio na tua força.

ORAÇÃO A PAI JOÃO
Para resolver um problema relacionado com negócios e documentos.

Sentado em um banco tosco, Pai João, faz tua oração, para que haja paz na Terra e justiça entre os homens. Que em cada coração possa vingar a verdade, que uma centelha de luz e sabedoria ampare a mão dos que usam canetas ou enxadas, pois tu jamais fizeste discriminação na tua missão. Te suplico para que faças justiça através da mão do homem, para que eu seja vitoriosa(o) nos meus papéis e documentos.

Que deste instante em diante fiquem eles totalmente desembaraçados, pois com tua proteção e esta oração, tudo será solucionado na minha fé. Confiante em ti, aguardo tua sentença, meu Pai João.

__Vibrando na fé dos caboclos__

Caboclos de pena são os encantados da mata virgem, caçadores e bravos guerreiros, grandes guardiães dos caminhos na mata, aqueles que zelam pela macaia junto a Oxosse e Ossaim, dono da força mágica das folhas. São sábios conselheiros, curadores e purificadores do astral.

Os caboclos de pena usam cocares e outros adereços indígenas, de cores variadas, dependendo de sua nação. Suas armas são arco e flecha. Suas ervas são eucalipto, mate e samambaia. Seu dia da semana é a quinta-feira. Recebem frutas, milho e outros presentes na mata e nos arvoredos. O dia dos Caboclos é 2 de julho.

ORAÇÃO DE PROTEÇÃO
DO CABOCLO TUPINAMBÁ

Numa noite de lua cheia, entregue um presente para o caboclo Tupinambá, num arvoredo, pedindo proteção e caminhos abertos.

> Ó lua que brilha no céu, me assiste neste momento, pois é na força da lua cheia que Seu Tupinambá encontra sua energia e seu axé. Por este motivo, aqui estou diante deste arvoredo, carente e aflita(o) para que tu possas desembaraçar os meus caminhos. Acode-me, Seu Tu-

pinambá, com tua flecha certeira; me livra dos inimigos, pois tendo a ti como guardião, nada temerei. De hoje em diante, terei sempre a lua como minha companheira e amiga, que haverá de clarear os caminhos por onde eu passar. Axé.

PRECE DE SEGURANÇA AO CABOCLO ROMPE NUVEM

Corri por todos os lados, e todas as portas estavam fechadas para mim. Recorro a ti, na certeza de que serei atendido na minha necessidade. Com meus caminhos embaraçados, como poderei caminhar? Preciso de tua lança para me proteger, me livrar dos inimigos vivos ou mortos que queiram impedir a minha caminhada. Assim como tu caminhas no céu, terei forças para caminhar na Terra, pois, coberto com as tuas nuvens, eu ouvirei o galo cantar, anunciando uma nova vida de paz, prosperidade e união dentro de minha casa. Seu Rompe Nuvem, guarda-me; o teu nome louvarei por todos os caminhos abertos onde eu passar, com a tua lança a me guiar.

REZA FORTE AO CABOCLO ARARA AMARELA

Faça esta oração ao pé de um arvoredo, acendendo uma vela verde. Mas tome todos os cuidados necessários para não provocar um incêndio: não vá queimar a casa do caboclo cuja proteção está pedindo!

Meu Glorioso São Sebastião, que toma conta desta falange maravilhosa de caboclos de pena, tu que tens a força e a sabedoria, ilumina a choupana do caboclo Arara Amarela para que ele, sempre imbuído de muita energia positiva de amor, possa vir a nós com mensagens de proteção. Que nos proteja com as penas de sua Arara. Estou em apuros, me sinto como se estivesse no centro da mata virgem, sem saber qual o rumo a tomar. Ilumina-me, meu amigo caboclo, para que eu possa acabar com estas horas difíceis de minha existência. Creia-me, Caboclo Arara Amarela, que acenderei uma vela verde aos pés de uma árvore bem viva, e em corrente meu pensamento receberá de ti a luz que me levará ao caminho certo.

__Mirongas ciganas__

Os espíritos ciganos são mensageiros-andarilhos de paz e de amor. Caminham sempre em bandos, cantando suas cantigas. Assim vão de lugar em lugar e, através de suas rezas, descobrem mirongas e distribuem axé.

A padroeira de todos os ciganos é Santa Sara, festejada no dia 24 de maio. Os espíritos ciganos gostam de ganhar frutas, pães, perfumes e flores. Gostam de cores variadas e claras, de muitas jóias coloridas e cristais. Recebem presentes em jardins ou arvoredos, no domingo.

ORAÇÃO PARA UNIR CASAIS

Use um pouco de seu perfume numa peça de roupa da pessoa amada; isso fará com que todos os caminhos que ele(a) escolha o(a) levem sempre para o seu lado. Chame pelo nome do cigano Ângelo de Ruam ao fazer esta simpatia.

> Sei que sou andarilho e um grande sonhador. Sonho com um mundo lindo, limpo e verdadeiro, mas ando sempre com o meu povo do lado, e por este mundo afora pregamos a mensagem da união que reina em nossa casa. Buscamos a paz e a liberdade, mas liberdade de obrigações, de ação, e não liberalidade no amor. Cantando, vamos sempre caminhando

e trabalhando em amor da humanidade, para que possamos unidos caminhar lado a lado, como caminha o meu povo.

REZA DE AMARRAÇÃO DO CIGANO WLADIMIR

Senhor, tu que és dono dos meus caminhos, permite que eu possa passar com meu povo em nossas carroças ciganas e que tenhamos o sol e a lua como companhia. Eu, Cigano Wladimir, Mensageiro de Paz e de Amor, hei de fazer com que a inveja, a descrença e o ódio não façam morada no coração de Fulano(a). Quando o sino da igreja estiver batendo as 12 badaladas do meio-dia, também pela fé que tenho no cigano Wladimir, estará batendo o coração de Fulano(a). Ele(a) não comerá, não dormirá e com ninguém ficará enquanto comigo não vier falar. Jamais encontrará caminhos que não sejam o meu. Salve o povo cigano.

PRECE PARA APRESSAR CASAMENTO

Faça esta oração em sete luas cheias seguidas.

Ó Madona das Sete Luas! Senhora da força e da luz, faz com que, na força da lua cheia, o galo não cante, o pinto não pie e a porta não bata sem que Fulano(a) esteja batendo na minha porta, tomando a grande decisão que tanto espero, que é marcar nosso casamento. Que na tua fé não passem mais sete luas cheias sem que eu esteja casada(o). Assim, rezarei esta prece nas próximas sete luas cheias, dedicando-as à minha grande Madona.

REZA PARA ACALMAR O AMBIENTE EM CASA

Ó minha amiga de fé, andarilha e companheira, seja noite ou seja dia, espero contar sempre com a tua companhia, em todos os caminhos em que eu passar. Por onde eu passe, que sinta o teu cheiro no ar. Ó Cigana Pogiana, mensageira do amor, faz com que novamente o amor volte a reinar dentro de minha casa, no meu coração, enfim, em tudo que esteja à minha volta, pois estou muito carente da tua proteção. Sei que nunca negas tua proteção àqueles que lutam por paz em casa. Escuta, eu me encontro em apuros, faz com que a paz e a prosperidade voltem. Em troca, teu nome eu continuarei a louvar por todos os caminhos. Salve a Cigana Pogiana.

REZA FORTE DE UNIÃO

Neste momento em que juntos nos ligamos à corrente de amor, levemos nosso pensamento a todas as estradas que levam às tendas dos ciganos Wladimir e Pogiana, que em suas tribos Romis e Calés juraram amor eterno ao som de violinos, e, sob a luz de uma fogueira, seus sangues cruzaram como prova de grande amor e fidelidade. Nesta vibração, forte e positiva, evoquemos o nome da Madona Santa Sara, que rege a falange do povo cigano. Que ela, através do seu Axé na força da lua cheia, possa abençoar todo aquele que do amor faz sua própria bandeira de fé. Rogo que, a partir deste instante, germine em cada coração uma rosa vermelha, como prova de grande amor, e que este amor seja eterno. Que possamos, através do perfume das flores e dos pós de Axé, acender mais uma chama de amor no coração de cada criatura. Assim como ocorre no espírito, que, através da magia cigana, possa acontecer também na matéria. Que, em nome de Wladimir e Pogiana, jamais se desfaça todo e qualquer laço de amor.

ORAÇÃO DA VITÓRIA

É quando estamos em momentos difíceis de nossas vidas, quando todas as portas se fecham para nós, exatamente quando olhamos à nossa volta e nada encontramos, aí é que devemos elevar os nossos pensamentos, juntar as nossas mãos como se fossem elos fortes de uma mesma corrente. Lembremo-nos de que nunca estaremos sós. Eles, os ciganos, também tiveram momentos difíceis e tudo souberam ultrapassar: desprezo, calúnias, inveja, mágoas e até escorraçamentos em terras caminhadas. Com fé em Santa Sara e Santa Rosália, temos certeza de que tudo ultrapassaremos, todas as portas irão se abrir, e a poeira há de sumir, na fé de Pogiana e Wladimir.

Rezas fortes para exus e pomba-giras

Rezo pra ele com sol,
Rezo pra ele com lua,
Este meu amigo
É Seu Tranca-Rua.

Exus e pomba-giras são os mensageiros dos orixás, sentinelas das encruzilhadas, guardiães dos caminhos. Suas cores são vermelho e preto. Seus dias são a segunda-feira e a sexta-feira. Entre suas ervas, destacam-se a folha-da-fortuna e o pinhão roxo.

As rezas para exus e pomba-giras devem ser feitas sempre na hora certa, quando os nossos amigos e grandes guardiães estarão de prontidão para receber as orações. Suas horas preferidas são o meio-dia, 14:45 h, 18:00 h e meia-noite. Os locais são encruzilhadas, estradas, cemitérios, praias e o Cruzeiro das Almas do cemitério.

PRECE A EXU BARABÔ
Em momento de muita aflição, recite esta prece, ao meio-dia em ponto.

> Exu Barabô, meu amigo e companheiro, sei que pelos caminhos onde passo tenho sempre a sua proteção. Neste momento de aflição, coloco minhas mãos no chão e firmo meu pensa-

mento, na certeza de que serei atendido(a) na minha necessidade; confio na sua força e sei que a sua capa cobre tudo, só não cobre a falsidade. Seu Barabô, Exu dono da minha porteira, senhor dos meus caminhos, com a confiança que tenho, jamais estarei sozinho(a).

ORAÇÃO A EXU DAS SETE ENCRUZILHADAS

Faça esta oração quando quiser a ajuda de Seu Sete Encruzilhadas para obter o afeto da pessoa a quem ama. Ao recitá-la, segure na mão direita um pedaço de linha azul, medindo cerca de um palmo, e faça com ele o sinal-da-cruz repetidamente. Terminada a reza, embrulhe a linha em um pedaço da papel fino e guarde na carteira.

> Em noite de lua cheia, a coruja pia no alto do arvoredo, o galo canta na calunga, o pinto pia na encruzilhada. Você não dormirá, não comerá. Nenhum pensamento surgirá em sua mente que não seja o de estar sempre comigo em sua vida. Eu te cruzo, eu te guio com este fio de linha azul, que guardarei como um breve, sempre comigo. Você jamais se afastará, pois a encruzilhada tem quatro cantos, e todos têm um morador que te guiará sempre para mim. É Seu Sete Encruzilhadas, que será teu protetor.

PRECE A EXU TIRIRI

Faça esta oração diariamente, em uma das principais horas abertas (meio-dia ou meia-noite), para obter proteção e abertura de seus caminhos.

> Passando por um caminho, não vi rosas, só vi espinhos. Fui ficando embaraçado(a), tudo dava

errado para mim. Até que um dia eu vi uma luz forte brilhar e uma voz a me chamar: "Venha, vou lhe ajudar", e me estendeu sua mão amiga e me mostrou um novo caminho a seguir. Rezo para ele todos os dias, à meia-noite ou ao meio-dia, e minha vida se modificou. Hoje sei o que quero, com quem devo seguir; tenho meu corpo fechado e este meu amigo é Seu Tiriri.
Salve o exu amigo, salve Seu Tiriri.
Salve o exu amigo, salve Seu Tiriri.

ORAÇÃO PARA MARIA PADILHA

Peça a Dona Maria Padilha que afaste os obstáculos e males que estão prejudicando sua vida. Ao começar, bata com o pé direito no chão, doze vezes seguidas. Tenha a oração escrita em um pedaço de papel branco. Terminando a reza, guarde esse papel na carteira, levando-o sempre consigo.

São doze horas em ponto e o sino já bateu. Sei que nesta hora, pela força do vento, a poeira vai subir, e com ela também subirá todo mal que estiver no meu corpo, no meu caminho e na minha casa. Tudo isso se afastará da minha vida. É com a força e o axé de Maria Padilha que meus caminhos, a partir deste momento em que os ponteiros se separam, estarão livres de todos os males materiais e espirituais, pois a luz que clareia o caminho de Maria Padilha também há de clarear os meus caminhos.

REZA FORTE DE MARIA MOLAMBO

Reze a Maria Molambo quando tiver sofrido uma perda material importante. Não se esqueça de que o presente prometido deve ser fielmente dado. Coloque uma imagem da pomba-gira em um lugar apropriado, em sua casa, e vista-a com a saia nova.

> Cansado(a) de tanto andar, parei; do mundo nada alcancei, mas hoje tenho certeza de que minha vida vai mudar. Traçarei novos caminhos, e uma saia vou lhe dar por tudo que eu alcançar. Sei que já tive tudo, mas hoje tudo perdi. É confiando em ti, que tanto sofreste também para tudo ter e poder nada fazer, que molambo hoje és. Pelo dia e pela hora, meu pedido vou firmar e ninguém vai me derrubar. Maria Molambo, me dê sua proteção; por onde eu andar, sempre rezarei esta oração, que será parte de mim nesta nova vida que, tenho certeza, terei com sua proteção e sua companhia.

ORAÇÃO DE MARIA FARRAPO

A pomba-gira Maria Farrapo é uma grande feiticeira. Por isso, sua especialidade é desfazer feitiços e malefícios que mantêm seus caminhos fechados.

> Se com sete me cruzaram, você é quem vai resolver; se meu caminho está fechado, você é quem vai descobrir. Seja com o sol, seja com a lua, meu inimigo terá sempre sombra, e você mesmo assim o verá. Inimigo nenhum eu terei mais, estando você ao meu lado. Armada com seus farrapos sujos e coloridos, sempre pronta para defender um amigo, você guarda meu corpo, meu caminho, minha vida. E eu lhe darei a minha oração em forma de gratidão. Conto sempre com a sua proteção. Axé.

REZA FORTE DE SEU
TRANCA-RUA DAS ALMAS

Tranca-Rua das Almas, um dos encarregados das almas que habitam os cemitérios, é invocado como protetor no caso de doenças graves, com perigo de morte, e também nos problemas causados por espíritos obsessores.

Sou Exu Tranca-Rua das Almas. Meu Pai, permite-me que assim me chame, pois na realidade sou produto de tua criação. Formaste-me da poeira sideral, mas, como tudo que provém de ti, sou real e eterno. Permite-me, Senhor, que eu possa servir-te nas mais humildes tarefas criadas pelos teus humanos filhos. Restaura, Senhor, minha vontade de caminhar, de não parar à beira do caminho, para não transgredir as tuas sagradas leis. Embora os homens me tratem de anjo decaído, de povo traidor, de rei das trevas, anjo do mal e tudo mais, com palavras para expressar seu desprezo por mim, no entanto, nem suspeitam que nada mais sou do que o reflexo de ti, Senhor; não reclamo, nem me queixo, porque esta é a tua vontade.
Permite, Senhor, que eu, Tranca-Rua das Almas, não seja pela inconsciência dos homens arrastado a exercer a descrença, a confusão e a ignomínia, embora seja esta a condição que me impuseste. Senhor, fico triste quando vejo teus filhos, meus irmãos, que criaste à tua imagem e semelhança, serem envolvidos pelo turbilhão das iniqüidades que eles mesmos criam, e eu, Tranca-Rua das Almas, delas tenho que participar. Senhor, dá-me forças para que eu trabalhe mais e mais em teu nome, socorrendo e

amparando, enxugando lágrimas e consolando aflitos; ajuda-me, Senhor, a caminhar sobre as ondas agitadas da incompreensão humana.

Sou escorraçado e condenado a habitar as profundezas escuras da Terra, e a trafegar pelas sendas tortuosas da provação. Senhor, na minha infinita pequenez e miséria, como me sinto grande e feliz quando encontro nalgum coração um oásis de amor, quando sou solicitado na prestação de uma caridade, ou mesmo quando invocado como guardião nas horas de perigo! Ilumina-me, Senhor, quero avançar pelos caminhos e estradas afora, ir de encontro aos necessitados de ajuda e proteção. Quero lançar-me na árdua tarefa de lidar com os infelizes; de ver bem de perto o semblante dos desesperados, daqueles que enchem os leitos dos hospitais, dos manicômios, das prisões. E nas necrópoles, onde vivem as almas em aflição, Senhor, quero ser o estímulo para suas caminhadas ou o sorriso que ostentam nos momentos de alegria. Permite, Senhor, que eu continue a ser, para os bons e sinceros, o Guia, a Luz, o companheiro de todas as horas; para esses estenderei sempre a minha capa, verdadeiro manto de caridade que cobre tudo e todos, só não cobre a falsidade. Peço-te, ó Pai infinito, ajudar os homens a compreender-me, bem como a minha missão terrena, a de executor das consciências. Perdoa-os, faze-os bons, porque somente através da boa vontade de seus corações poderei eu, Tranca-Rua das Almas, sentir toda a vibração do teu amor e a graça do teu imenso perdão. Assim seja. Salve, Seu Tranca-Rua das Almas!

ORAÇÃO MILAGROSA
DE EXU TRANCA-TUDO

Peça a Exu Tranca-Tudo que abra seus caminhos, quando você estiver passando por dificuldades financeiras, especialmente se tiver dívidas que não consegue saldar. Como diz o texto da oração, essa reza deve ser feita em uma encruzilhada em T, que é o encontro de três trechos de rua. Leve, como oferenda, uma cédula de valor baixo, na qual tenha feito um furinho. Lembre-se de que, quando seu pedido for atendido, deverá voltará mesma encruzilhada, levando o presente prometido na prece.

> Já não sei mais o que faço, não sei como irei tudo resolver, estou desesperado(a), sinto vontade de morrer, tudo são trevas em minha volta, nem amigos tenho, só você pode me valer. Seja a luz do meu caminho, pois trancado tudo está. Confio em você e minha sorte vai mudar. Neste encruzilhada vim louvar sua pessoa. Venha me ajudar, faça com que entre dinheiro e assim me ajudará, pois estou endividado(a) e não sei mais o que fazer. Minha fé em você é que vai me salvar da vergonha dos amigos e de mim mesmo, Seu Tranca-Tudo. Meu amigo verdadeiro, com o meu pedido lhe ofereço meu único dinheiro, que vai por mim furado, para que você veja a minha miséria. Mas sei que o retorno será breve, e aqui estarei pontualmente, para lhe trazer sete notas de bom valor e perfeitas.

REZA DE EXU CAVEIRA
PARA CURAR DOENÇAS

Se não puder fazer esta reza ao ar livre, arrume uma pequena fogueira em uma tigela rasa de material refratário, com gravetos, folhas secas, palhinhas etc. Na hora de rezar, coloque perto da tigela sete pedras de sal grosso. Acenda a fogueira e comece a rezar, enquanto passa, uma a uma, as pedras de sal pelo corpo. No final, lance-as ao fogo, como diz a oração.

> Estou enfermo(a), senhor, preciso de sua ajuda verdadeira, como exu ou como doutor. Sei que você sofreu muito em vida, sofreu pelos caminhos em que passou, da forte poeira ástrica somente osso lhe restou, mas é neste momento de muita dor e aflição que imploro sua proteção. Cure-me de todos os males, Seu Caveira! Por favor, sei que a sua morada não tem cumieira, mas tem uma forte porteira. Sabendo que o sal queima como o fogo, lançarei sete pedras de sal numa fogueira, e certo(a) estarei de ficar curado(a) de todo o mal, na fé de Exu Caveira.

REZA DE DONA SETE ENCRUZILHADAS

Para abrir seus caminhos, dê uma rosa vermelha à pomba-gira Dona Sete Encruzilhadas. Levando essa rosa pelas ruas, conte sete encruzilhadas e, na sétima, coloque a rosa em um dos cantos, enquanto recita a seguinte oração:

> Sou mulher, sou exu, sou corredeira, ando pra lá e pra cá, minha vida é sempre andar. Tenho nas mãos os destinos daqueles que não têm a sorte do seu lado. Pelos sete caminhos que eu passar, um deles o seu será, e neste momento então é que eu irei lhe ajudar. Com uma rosa vermelha, tudo irei lançar bem longe, por onde você não vai passar. Confie nesta amiga, sou

a Sete aqui ou em qualquer lugar, sou mulher de sete homens, mas a nenhum vou deixar lhe prejudicar. Do seu lado o gato vai miar, o inimigo vai se afastar, as portas vão se abrir e um novo sol vai brilhar. Eu sou Sete Encruzilhadas, mulher aqui e em qualquer lugar.

ORAÇÃO PARA FECHAR O CORPO COM JOÃO CAVEIRA

Compre uma chave de cera. No dia escolhido, à meia-noite, diante de uma igreja, segure a chave na mão direita e passe-a sete vezes pelo corpo, enquanto recita a oração. No final, jogue-a para o alto, e deixe-a onde cair. Vá embora sem olhar para trás.

Seu cadeado não é de ferro e sim de madeira, mas eu tenho a chave e minha fé verdadeira. Ainda tenho meu corpo aberto e é você quem vai fechar. À meia-noite, na porta da igreja, o sino vai bater e o galo vai cantar, e nessa hora estarei com minha chave de cera na mão direita, que pelo meu corpo passarei, por sete vezes, e neste instante o seu nome louvarei, Seu João Caveira. Seja exu ou doutor, jogo a chave para o alto e o meu corpo ficará fechado.

POMBA-GIRA REZA NA PRAIA

Para pedir que a pessoa amada volte para você, dê um presente à Pomba-gira da Praia. Compre um barquinho pequeno para oferendas no mar, um vidrinho de perfume, um espelho e uma rosa vermelha. Numa segunda ou sexta-feira, vá até uma praia, levando esse material. Arrume todos os presentes dentro do barquinho e entregue-o às ondas, recitando a oração a seguir.

Como é triste ver a marola ir e voltar, e você ficando no mesmo lugar, tão sozinha(o) neste mundo. Hoje vou lhe ajudar, sou mulher interesseira, vou fazer mas vou ganhar, com as ondas não se brinca, elas vêm pra lhe matar. Não chore mais, você agora já não está sozinha(o), nos portos da vida andei e muitos náufragos encontrei, a todos ajudei. Sempre fiquei esperando por aquele que nunca chegava, mas a todos eu agradava. Assim é você neste mundo. Aqui na beira da praia, lance um barco ao mar levando uma rosa vermelha, um espelho, um perfume, e seu amor vai voltar. Me chame por sete vezes, sete mares naveguei e assim me chamam. Como mulher e amiga, o seu amor lhe trarei (chame pelo nome da pessoa amada que deseja que volte).

ORAÇÃO PARA SEU ZÉ PILINTRA

Se está desempregado(a), peça a Seu Zé Pilintra que o(a) ajude. Recite esta oração numa encruzilhada, e deixe, embaixo de um poste de luz, junto à mesma, um lenço masculino branco. E não esqueça de pagar a promessa que é feita na reza, quando conseguir o novo trabalho.

Senhor, sua luz é muito grande, é clara e muito sábia, e vem de um grande doutor, que da vida que levou, só a saudade restou. Muita experiência e vivência teve no meio dos pobres, é doutor, sei que vai me ajudar nesta minha aflição. Preciso de um emprego, conto com a sua proteção. Dizem que você é um malandro, mas um malandro de classe, com seu terno de linho branco. Faça com que eu consiga vencer. Em troca lhe darei um lindo cravo vermelho para colocar na lapela. Seu Zé, tenho comigo a fé. Com o lenço que colocarei na encruza, debaixo do poste com luz, enxugue suas lágrimas e abra o meu caminho, pois como dizem que malandro não chora, certo, meu lenço vai curar a sua dor.

Defumações

O ato de defumar é o mesmo que o de limpar (varrer, espanar) a casa onde moramos, o corpo, o templo, o ambiente de trabalho, enfim, clarear o mundo ao redor, ou seja, tudo o que está à nossa volta, pois somente assim consegue-se ter uma vida mais equilibrada entre o espírito e a matéria. O defumador vem de muitos anos, vem da antiguidade. Os grandes mestres, monges, pajés e sacerdotes sempre usaram o incenso antes de tomarem suas grandes decisões. Os guias espirituais usam a fumaça para desvendar mistérios.

Defumamos nossas casas para vivermos melhor. Conseguimos isso com folhas sagradas da mata virgem, favas, e pós de axé, que misturados fazem vibração forte em todos os sentidos. Nas grandes cabaças, guardamos as folhas para serem usadas nas horas certas, pois somente com motivos sérios e fortes devemos fazer a defumação.

Devemos ter o cuidado de saber como fazê-la. Cada ambiente se requer uma forma de oração, e para cada caso há um tipo de defumador. Nem sempre um determinado material serve para todas as causas, portanto, convém ficar atento quanto ao material a ser usado, o local para o despacho e também a força da Lua, que melhor fará vibrar a defumação de quem a faz. Quando se faz a defumação para retirar o mal, a lua deve ser sempre fraca (quarto minguante). Quando se deseja o melhor, a lua deve estar em fase forte (nova, crescente ou cheia).

O modo de fazer a defumação também depende do motivo pelo qual ela é feita. Por exemplo:

Limpeza da casa: defumar de dentro para fora da casa e despachar em água corrente.

Prosperidade: de fora para dentro, despachar no jardim.

Amor: defumar de fora para dentro, na lua cheia, e despachar no pé de uma árvore.

Receitas de defumações para diversos fins

Use um pequeno punhado ou uma pitada de cada produto. Misture os ingredientes e coloque sobre carvões em brasa, dentro de um recipiente adequado (um turíbulo, uma lata com uma alça feita com arame, uma panela com cabo, um pote refratário etc.). Utilize da forma indicada. Terminando de fazer a defumação, deixe o recipiente em um lugar adequado, até os carvões terminarem de queimar. Depois, despache as cinzas da forma indicada.

DEFUMADOR PARA LIMPAR A CASA (1):
Este defumador deve ser feito de dentro para fora da casa. É de muita energia para retirar demandas, presença de eguns, enfim, limpar ambiente muito carregado, devendo ser feito sempre em lua minguante.

> Pó de sândalo, benjoim, alfazema, dandá-da-costa (ralado), canela em pó e casca de cebola.

DEFUMADOR PARA LIMPAR A CASA (2):
Seguir as normas do Defumador para limpar a casa (1).

> Enxofre, estrume de boi (seco), fumo de rolo (desfiado), 7 pedras de sal grosso, palha de alho e mirra.

DEFUMADOR PARA LIMPAR A CASA (3):
Seguir as normas do Defumador para limpar a casa (1).

Bagaço de cana (seco), alfazema, alecrim, pó de café, folhas de vence-demanda (secas), canela em pau.

DEFUMADOR PARA LIMPAR A CASA (4):
Seguir as normas do Defumador para limpar a casa (1).

Palha de alho, palha de cebola, folhas de tiririca do mato (secas), folhas de peregum (secas), incenso (em pó), folhas de louro, raspa de noz-moscada.

DEFUMADOR PARA PROSPERIDADE (1):
Fazer sempre na lua nova. Despacharem um gramado.

Açúcar mascavo, cravo-da-índia, canela em pau, erva-doce, alfazema, benjoim, folha-da--fortuna (seca), erva cidreira (seca).

DEFUMADOR PARA PROSPERIDADE (2):
Fazer sempre na lua nova. Despacharem um gramado.

Açúcar cristal, folhas de comigo-ninguém-pode (secas), folhas de dinheiro-em-penca (secas), folhas de mãe-boa (secas), alecrim.

DEFUMADOR PARA PROSPERIDADE (3):
Fazer sempre na lua nova. Despacharem um gramado.

Pó de café, casca de uma maçã, ameixa seca, mirra, incenso (em pó), pó de abre-caminho, sândalo, dandá-da-costa (ralada).

DEFUMADOR PARA PROSPERIDADE (4):
Fazer sempre na lua nova. Despacharem um gramado.

Folhas de louro (secas), alfazema, alecrim, erva-cidreira, erva-doce, folhas de samambaia (secas), açúcar cristal.

PARA FORTALECER A MEDIUNIDADE
Este defumador deve ser feito dentro de casa ou templo, sempre na lua nova, para que a mediunidade fique bem forte. E deve ser feito de fora para dentro. Despachar em um arvoredo.

Folha de colônia (seca), alfazema, lágrima-de-nossa-senhora (folha seca), açúcar refinado, dandá-da-costa (ralado), obi, orobô (ralados e secos), folha de abre-caminho (seca).

PARA DAR SEGURANÇA AO SEU AUTOMÓVEL
Fazer na lua nova, com as portas do carro abertas. Despachar numa estrada.

Alfazema, folhas de louro, folhas de peregum (secas), um pedaço de pneu (pequeno), canela em pau, pó de café, açúcar, cravo-da-índia.

DEFUMADOR PARA AMARRAÇÃO (1):
Fazer na lua cheia, de fora para dentro. Despachar no pé de uma árvore.

Sementes de 7 maçãs e de um mamão (pequeno), secas; folhas de bem-com-deus, folhas de saco-saco (secas), açúcar refinado.

DEFUMADOR PARA AMARRAÇÃO (2):
Fazer na lua cheia, de fora para dentro. Despachar no pé de uma árvore.

Açúcar mascavo, canela em pó, cravo-da-índia, erva-doce, alfazema, incenso, dandá-da-costa (ralado).

PARA ATRAIR A ATENÇÃO DE ALGUÉM DISTANTE
Fazer na lua cheia, de fora para dentro. Despachar no pé de uma árvore.

Raspa de unha de um gato ou cachorro, pó de segurança, raspa de noz-moscada, alfazema, alecrim, açúcar cristal.

PARA CURAR PESSOAS NERVOSAS, INSEGURAS, INQUIETAS
Fazer na lua nova.

Obi (ralado), orobô (ralado), folhas de boldo (tapete-de-oxalá) secas, pena de um pombo ou galinha branca, semente de girassol, alfazema, açúcar refinado, mirra, dandá-da-costa. Junte tudo, menos o açúcar. Leve ao fogo numa panela seca, mexendo. Quando estiver torrado, triture bem e junte o açúcar. Comece o tratamento colocando um pouco da mistura na palma da mão direita. Sopre da porta para fora. Repita até terminar a mistura.

PARA AFASTAR NEGATIVIDADE
Fazer na lua minguante. Despachar num rio.
Pó de segurança, pó vence-demanda, raspa de
noz-moscada, canela em pó.

Cantigas para fazer a defumação

PARA ABRIR CAMINHOS (1)
Fazer a defumação na lua nova. Despachar numa estrada.

Foi nas matas da Jurema
que as ervas eu encontrei,
para defumar os médiuns
e o terreiro também.

PARA ABRIR CAMINHOS (2)
Fazer a defumação na lua nova. Despachar numa estrada.

Encontrei abre-caminho,
vence-demanda, eu vi.
Aroeira e alfazema
misturadas ao alecrim.
Cheirou na banda,
cheirou sim.
Cheirou na banda, a incenso e benjoim. (Bis)

PARA ABRIR CAMINHOS (3)
Fazer a defumação na lua nova. Despachar numa estrada.

Me defumando
e purificando todo o ar,
meus caminhos vão se abrir
com as forças de Oxalá.

PARA EQUILÍBRIO (1)
Fazer na lua cheia. Despachar ao pé de uma árvore.

Eu estou defumando,
eu estou incensando,
eu estou limpando no plano espiritual.
Que vá para as ondas do mar,
da minha casa, do meu corpo, todo o mal.

PARA EQUILÍBRIO (2)
Fazer na lua cheia. Despachar ao pé de uma árvore.

Nas matas tem
as ervas pra curar.
Também tem folhas secas
que são para defumar.

PARA EQUILÍBRIO (3)
Fazer na lua cheia. Despachar ao pé de uma árvore.

Eu estou defumando,
eu estou incensando
a casa do Bom Jesus da Lapa.
Eu estou defumando,
eu estou incensando
a casa do Bom Jesus da Lapa.

PARA VENCER DEMANDAS (1)
Fazer na lua nova. Despachar numa estrada.

Salve a Umbanda,
salve Ogum no Humaitá.
Me ajude a vencer demandas,
meu Pai Oxalá.

PARA VENCER DEMANDAS (2)
Fazer na lua nova. Despachar numa estrada.

O cheiro do incenso está no ar,
e as demandas com certeza vencerei.
Terei minha casa tão limpa,
que a prosperidade irá voltar.

PARA LIMPAR A CASA
OU OUTRO AMBIENTE (1)
Cheirou guiné,
com incenso e alecrim.
Senhor do Bonfim,
limpe esta casa pra mim. (Bis)

PARA LIMPAR A CASA
OU OUTRO AMBIENTE (2)
Eu defumo minha casa, eu defumo,
com arruda, guiné e alecrim.
Pai Oxalá está presente nesta hora,
retirando todo o mal
da minha casa para fora.

PARA LIMPAR A CASA
OU OUTRO AMBIENTE (3)
Defumação é para limpar o ambiente
onde se mora ou onde se lida com gente.
Abre caminhos, tira dor e mal-estar,
e nos terreiros, é para gira firmar.

PARA LIMPAR A CASA
OU OUTRO AMBIENTE (4)
Vai, poeira, para a encruza,
vai para as ondas do mar.

Eu defumo minha casa,
para todo mal levar.

SEGURANÇA E EQUILÍBRIO
Fazer na lua cheia.

Tenho as forças de Exu,
na porteira sempre a me guiar.
Eu tenho meu Pai Ogum,
ninguém vai me derrubar.

DESCARREGO (1)
Fazer na lua minguante. Despachar numa encruzilhada.

A fumaça que sobe pro ar,
leva todo o mal para longe.
Leva inveja, feitiço e mironga,
olho-grande e doenças também,
que estavam na minha casa,
causando perturbação. A
 fumaça tem força,
os meus inimigos, não.

DESCARREGO (2)
Fazer na lua nova. Despachar numa estrada.

Salve o sol, salve a lua,
salve o céu e salve o mar.
Minha casa acabou de descarregar. (Bis)

PARA DESENVOLVER A MEDIUNIDADE (1)
Meu Pai Oxosse,
me dá licença
para eu defumar.

PARA DESENVOLVER A MEDIUNIDADE (2)
Eu defumo,
eu defumo,
esta aldeia de Oiá. (Bis)

PARA DESENVOLVER A MEDIUNIDADE (3)
Defuma com as ervas da Jurema,
defuma com arruda e guiné,
alecrim, benjoim e alfazema,
vamos defumar, filhos de fé.

Benzeduras

Estas orações são sempre feitas enquanto a pessoa que as necessita se benze ou é benzida. Isso é feito traçando-se sinais-da-cruz sobre seu corpo, a uma distância curta, usando um ramo de ervas apropriadas, somente as mãos ou, em alguns casos, com um objeto indicado nas instruções referentes à oração. Como o ato de benzer-se ou benzer o outro deve ser feito sempre, não será repetido em cada oração, sendo dito somente quando for necessária uma orientação específica.

ORAÇÃO PARA TIRAR VENTRE VIRADO DE BEBÊS
Com um ramo de arruda e guiné, vai-se cruzando o enfermo e pronunciando a seguinte oração:

> Eu te benzo de ar e ventre virado, que o ar esteja vivo e o ventre esteja morto, que este ar não mais vá irritar e o ventre virado volte para o lugar, seja com uma ou com três voltas (dê três voltas na criança, pendurando-a de cabeça para baixo). Por São José e por São Paulo, por mim, que te benzi, o ar e o ventre virado não mais te incomodarão.

PRECE PARA DOR DE CABEÇA
Providencie uma toalha branca e um copo com água. Dobre a toalha em quatro e coloque-a sobre a cabeça; por

cima dela coloque o copo com água. Recite a oração. Terminando, reze um Pai-nosso e uma Ave-maria, retire tudo da cabeça e despeje a água na pia.

> São Elias encontrou-se com Santa Elisa e perguntou: "O que cura dor de cabeça, de dente e nevralgias?" Santa Elisa respondeu: "É simples, com uma toalha, um copo com água, um Pai-nosso e uma Ave-maria, qualquer dor de você se distancia."

PRECE AO SAIR DE CASA
O Senhor é meu guia, dia e noite sem parar. Saio agora de minha casa e logo irei voltar; nada de mal irá me acontecer, pois meu corpo, minha casa e minha vida estão nas mãos do meu Criador, que jamais me abandonará.

REZA PARA QUANDO SE ENTRA EM CASA
Eu fui com Deus e com Deus eu voltei, encontrei-me com muitos amigos e inimigos, que por lá deixei, pois agora eu entro só e ninguém mais comigo entrará. A força do meu anjo-da-guarda na minha frente vai entrar e a paz comigo permanecerá, assim como dentro de minha casa essa força estará.

ORAÇÃO CONTRA O MAU-OLHADO
Depois de recitar a oração, reze o Pai-nosso e a Ave-maria três vezes.

> Deus te fez, Deus te guie, Deus tire o mal que no teu corpo entrou. Em louvor de São Pedro e de São Paulo, que se afaste este mau-olhado.

Assim como Nosso Senhor nasceu em Belém e foi crucificado em Jerusalém, assim vá o mal desta criatura para bem longe.

REZA CONTRA O MAU-OLHADO
Depois de recitar a oração, reze o Pai-nosso e a Ave-maria.

Se me olhas não me vês, verás o Santo Sagrado; se me olhas não me vês, verás um monte sagrado; se me olhas não me vês, verás sempre a quem o mal te fez. Se com três te botaram, com dois eu vou te tirar, com a ajuda de uma Ave-maria e um Pai-nosso; se te botaram com dois, com um eu vou te tirar, com a força do Pai, que afasta o mau-olhado e o joga no fundo do mar.

ORAÇÃO CONTRA COBREIRO
Toma-se uma faca nova ou uma pena de galinha preta. Numa ou noutra, passa-se um pouco de azeite-doce e vai-se rezando sobre o cobreiro, com movimentos em forma de cruz, recitando esta oração. A seguir, sempre benzendo o cobreiro, recita-se um Pai-nosso e uma Ave-maria.

Eu te corto, eu te rezo, seja coxa ou coxão, sapo ou sapão, cobra ou cobrão, lagarto ou lagartão e todo bicho de má ação, para que este cobreiro não cresça, nem mais apareça, para que não junte pé com cabeça. Santa íria três filhas tinha, uma se assava, outra se cozia, a outra pela água ia, perguntou a Nossa Senhora o que faria: que cuspisse e soprasse, e o cobreiro sararia, pelo Pai-nosso e pela Ave-maria.

ORAÇÃO PARA CURAR ESPINHELA CAÍDA

Reza-se o Credo, fazendo uma cruz com o dedo polegar em cima da espinhela. Depois, reza-se o Pai-nosso, a Ave-maria, o Salve-rainha e o Bendito, oferecendo-se estas orações à Santíssima Trindade e em louvor às três horas em que Jesus suspirou na cruz. Implora-se a Nossa Senhora, a Deus e a seu Divino Filho, a curada espinhela caída. Depois reza-se um Pai-nosso, uma Ave-maria e o Credo, oferecendo à sagrada Paixão de Cristo.

> São Pedro fez sua casa com quatro janelas. Duas para o mar e duas para a terra. Assim, quero, espinhela caída, te levantar, por São Pedro e por São Paulo, e todos os santos e santas da corte do céu. Assim, espinhela caída, chega ao teu lugar.

ORAÇÃO DE SEGURANÇA

> Ó meu Jesus, Pai poderoso, Filho da Virgem Maria, guardai-me todos os dias e todas as noites da minha vida. Fazei, Senhor, com que eu possa cumprir todas as minhas missões impostas pela Vossa vontade e proteção, possa vencer todos os obstáculos e, quando eu passar pelas encruzilhadas, meus inimigos fiquem embaixo dos meus pés, assim como meus falsos amigos não tenham como me atingir; olhos todos terão, mas a mim somente os bons enxergarão. Guardai-me, meu Pai poderoso, neste mundo e no outro. Amém.

ORAÇÃO PARA SE DEITAR EM PAZ

Depois de recitar esta oração, reze um Pai-nosso e uma Ave-maria.

Nesta cama eu me eleito, desta cama me levantarei, coberta(o) com o divino manto de Nosso Pai Criador do Universo, pois coberta(o) com esse manto nada temerei, nem ameaça, nem pavor, de coisas espirituais ou materiais.

ORAÇÃO PARA SE LEVANTAR
Ó Senhor, o bom dia de hoje espero que seja de paz. Assim ofereço, neste instante, todas as minhas ações do dia ao meu Senhor e à Virgem Maria. Não permiti, Senhor, que eu cometa pecado. Que meu corpo e espírito por ti sejam bem guardados, no dia de hoje e por todos os dias que a vida me reserva para o futuro. Amém.

PAI-NOSSO
Pai nosso que estais no céu, santificado seja vosso nome, venha a nós o vosso reino, seja feita a vossa vontade, assim na terra como no céu. O pão nosso de cada dia nos dai hoje. Perdoai as nossas ofensas, assim como nós perdoamos a quem nos tem ofendido. Não nos deixeis cair em tentação, mas livrai-nos do mal. Amém.

AVE-MARIA
Ave Maria, cheia de graça, o Senhor é convosco, bendita sois vós entre as mulheres e bendito é o fruto do vosso ventre, Jesus. Santa Maria, Mãe de Deus, rogai por nós, pecadores, agora e na hora da nossa morte. Amém.

CREDO
Creio em Deus Pai todo-poderoso, criador do céu e da terra; e em Jesus Cristo, seu único Filho,

nosso Senhor, que foi concebido pelo poder do Espírito Santo, nasceu da Virgem Maria, padeceu sob Pôncio Pilatos, foi crucificado, morto e sepultado, desceu à mansão dos mortos, ressuscitou ao terceiro dia, subiu aos céus e está sentado à direita de Deus Pai todo-poderoso, de onde há de vir a julgar os vivos e os mortos. Creio no Espírito Santo, na Santa Igreja Católica, na comunhão dos Santos, na remissão dos pecados, na ressurreição da carne, na vida eterna. Amém.

SALVE RAINHA

Salve, Rainha, Mãe de misericórdia, vida, doçura e esperança nossa, salve! A vós bradamos os degredados filhos de Eva. A vós suspiramos, gemendo e chorando neste vale de lágrimas. Eia, pois, advogada nossa, esses vossos olhos misericordiosos a nós volvei, e depois deste desterro mostrai-nos Jesus, bendito fruto do vosso ventre, ó clemente, ó piedosa, ó doce e sempre Virgem Maria.
Rogai por nós, Santa Mãe de Deus.
Para que sejamos dignos das promessas de Cristo.

BENDITO

Bendito, louvado seja,
a honrada nossa fé,
a Santíssima Trindade,
Jesus, Maria e José.
Bendito, louvado seja,
o Santíssimo Sacramento,
Jesus e a Virgem Maria
que nos dão o alimento.